高校商务英语
信息化教学改革研究

王 冕 ◎ 著

吉林出版集团股份有限公司

图书在版编目（CIP）数据

高校商务英语信息化教学改革研究 / 王冕著． — 长春：吉林出版集团股份有限公司，2022.4
ISBN 978-7-5731-1399-3

Ⅰ．①高… Ⅱ．①王… Ⅲ．①商务－英语－计算机辅助教学－教学改革－研究－高等学校 Ⅳ．①F7

中国版本图书馆 CIP 数据核字（2022）第 053652 号

高校商务英语信息化教学改革研究

著　　者	王　冕
责任编辑	陈瑞瑞
封面设计	林　吉
开　　本	787mm×1092mm　　1/16
字　　数	250 千
印　　张	11.25
版　　次	2022 年 4 月第 1 版
印　　次	2022 年 4 月第 1 次印刷
出版发行	吉林出版集团股份有限公司
电　　话	总编办：010-63109269
	发行部：010-63109269
印　　刷	北京宝莲鸿图科技有限公司

ISBN 978-7-5731-1399-3　　　　　　　　定价：68.00 元

版权所有　　侵权必究

前　言

现阶段，随着我国经济的持续发展，社会对商务英语人才的需求量日益增加。由于国际化交流的频繁，我国对商务英语人才的综合素质提出了较高的要求。商务英语作为国际贸易交流的交流工具，在我国高等教育体系中需要得到相应的改进和完善，互联网技术的出现对我国教育体制提出了新的挑战，新时期商务英语教学需要通过信息化环境，以互联网为媒介进行教育整合和创新。

为了适应市场发展需要，紧跟时代发展步伐，满足社会对应用型人才的需求和渴望，高校在新标准新要求下对商务英语教学应做出全新改革。在教学模式、教学方法及教材选用上需进一步完善与创新，不断提高商务英语人才培养质量，实现人才为市场所需、人才为市场所用的应用型商务英语人才培养目标而不断努力。

本书主要讲述信息化时代与我国高校商务英语教学及改革，首先介绍了商务英语的特点、商务英语教学的理论、然后探讨了商务英语翻译教学，之后对高校商务英语信息化教学进行概述，最后在高校商务英语信息化教学改革做了详细的分析。本书为高校商务英语教学参考用书，也可供英语教学者以及研究人员阅读、使用。

本书在写作和修改过程中，查阅和引用了书籍以及期刊等相关资料，在此谨向本书所引用资料的作者表示诚挚的感谢。诚然，本书编写作者学识有限、经验不足，书中难免存在疏漏，请广大学者和同行批评指正，提出宝贵的意见与建议，以便日后修订完善。

目 录

第一章 信息化时代教学 ... 1
- 第一节 试论信息化教学的内涵 ... 1
- 第二节 信息化时代教学模式的探索 ... 4
- 第三节 基于信息化时代的教学板书思考 ... 8
- 第四节 信息化时代的教学环境建设 ... 11
- 第五节 信息化时代的有效教学探析 ... 14

第二章 商务英语的特点研究 ... 17
- 第一节 商务英语的特点分析 ... 17
- 第二节 商务英语的语言特点 ... 22
- 第三节 商务英语的口译特点 ... 25
- 第四节 商务英语信函语言特点 ... 27
- 第五节 商务英语缩略语特点 ... 31
- 第六节 国际商务中合同英语的特点 ... 34

第三章 商务英语教学的理论研究 ... 39
- 第一节 商务英语教学的历史、发展与现状 ... 39
- 第二节 商务英语教学法及其比较 ... 44
- 第三节 "行动研究"与商务英语教学 ... 46
- 第四节 商务英语教学中的文化因素 ... 55
- 第五节 商务英语教学中商务文化意识的培养 ... 57
- 第六节 商务英语教学中跨文化礼仪培养 ... 59
- 第七节 商务英语教学平台设计 ... 61

第四章 商务英语翻译教学 ... 65
- 第一节 期待视野下的商务英语翻译教学 ... 65
- 第二节 提升商务英语翻译教学质量探析 ... 69

第三节　4Es 标准下商务英语翻译教学革新策略…………………………71
第四节　框架语义理论视阈下的商务英语翻译教学…………………………76
第五节　基于经济一体化下的商务英语翻译教学…………………………80
第六节　建构主义理论视阈下的商务英语翻译教学…………………………84
第七节　双语平行语料库驱动下的商务英语翻译教学…………………………87

第五章　商务英语翻译教学模式研究…………………………97
第一节　基于语料库的商务英语翻译教学模式…………………………97
第二节　基于顺应论的商务英语翻译教学模式…………………………101
第三节　商务英语翻译教学的生态化模式…………………………106
第四节　普通高校商务英语专业翻译课程教学模式…………………………109
第五节　词块理论的商务英语翻译（笔译）的教学模式…………………………112
第六节　就业导向下的商务英语翻译人才培养模式…………………………117
第七节　商务英语口译脱壳教学模式…………………………120
第八节　大数据背景下"商务英语翻译"翻转课堂教学模式…………………………126

第六章　高校商务英语信息化教学概述…………………………130
第一节　商务英语信息化教学模式…………………………130
第二节　信息化商务英语实践教学平台…………………………136
第三节　"互联网+"商务英语信息化教学…………………………140
第四节　信息化对商务英语教学的影响…………………………144
第五节　高职商务英语翻译课程信息化教学…………………………147

第七章　高校商务英语信息化教学改革…………………………152
第一节　信息化视野下商务英语专业教学范式…………………………152
第二节　信息化环境下商务英语教学体系…………………………156
第三节　信息化商务英语教师教学能力…………………………160
第四节　新媒体商务英语的"碎片化"教学…………………………163
第五节　现代信息技术下商务英语教学的 SWOT 分析…………………………167

参考文献…………………………172

第一章　信息化时代教学

第一节　试论信息化教学的内涵

信息技术在教学中的应用越来越深入，有关信息化教学的研究成为教育领域的研究热点。正确理解信息化教学的内涵有助于我们更清晰地认识信息化教学的本质，在教学实践中把握教学的规律，基于此，本节在深入剖析"教学"本质的基础上，介绍了信息化教学的概念，提出了对信息化教学内涵的几点认识。

将信息化教学当作一个专有词汇来理解并应用，似乎是理所当然——无论是在诸多学术论文中还是在教师教学实践交流过程中，信息化教学已然成了一个不需要解释的词汇。虽然很多论文与著作标题中明确出现了信息技术在教育教学中相关的一些概念关键词，但是在文中往往并没有针对这些关键词给出清晰的定义，多数研究都是从分析某一个关键词的特征入手去理解关键词本身的含义，而只要涉及信息技术的应用，基本都要谈到开放性、个性化等特征。笔者认为，归根结底，信息化教学它的落脚点应是"教学"。因此，对信息化教学内涵的解读应建立在对"教学"本质的分析上，本研究从"教学"的角度出发，分析了信息化教学的概念，探析了信息化教学的内涵。

一、对"教学"的认识

（一）"教学"更多的是强化教师的责任

从字面上看，"教学"既包括了"教"，也包括了"学"，"教学"是"教"与"学"的互动统合。但在实际的教育教学实践过程中，当我们谈"教学"时，我们主要的关注点在教师的"教"，尤其是教师"如何教"的问题。"教学"常常是"教者（教师）"有意识地向学习者传递信息，而为了信息传递，"教者（教师）"是需要选择一定的策略并且利用适当的中介、手段和策略。教师在具体的教学过程中承担着传递信息、促进学生学习的主体责任。当我们讨论"如何优化教学"时也常常在探索教师要如何提升自身的教学能力、教师要如何优化教学环境与资源促进学生的学习等。

（二）"教学"的服务对象是学生

教学是为了引导学生的思考、启迪学生的智慧、挖掘学生的潜力、发展学生的知识与能力。虽然谈论教学优化常常是在强化教师对"教学"的责任，但教师的"教"是为了学生的"学"，真正的"教学"过程是在"教师"与"学生"之间的互动中完成的。因此，"教学"的目标设计不能脱离学生的发展目标，这一发展目标不但内含国家和社会对学生的期许，也包括了学生自己对自己的期待和设计。我们的社会需要学生未来发展成什么样的人，我们的学生需要怎样成长才能成为有理想、有信念、有知识、有能力的人，这将指引"教学"的服务目标方向。与此同时，也说明"教学"的实施过程必须充分关注学生的需求与初始准备状态，教师需要及时根据与学生的对话情况动态调整自己的"教学"过程。

（三）有效的"教学"需要精心设计

在广义上，学习可以无处不在。只要人类主动观察、思考，意识到当前自己所见所思与从前有所区别，学习就已经发生了，也就是说"学"并不一定依赖于"教"。虽然像"言传身教"这样的成语强调了"无声"的"教"甚至是无意识的"教"，但是在狭义上"教"却是需要主动设计的，但当我们谈及"教学"尤其是学校教育情境下的"教学"时，往往要经过系统的课程设计、适当的教学环境建设、合理的教学日程安排、具体的教学计划、教师的系统讲授与引导、教师对学生课后学习任务的合理安排与学习效果评价等，学校通过设计课程、营造学习氛围、教师讲解并组织研讨、教师安排练习巩固等方式来推进学生的学习，也就是说，学习往往是在教师的引导下完成的。

（四）"教学"的过程是一个动态的过程

一方面，"教学"本身涉及教师、学生、教学媒体、教学资源、教学环境等多种因素，每一个具体的教学情境因参与其中的教师、学生、资源、环境等的不同而各具特点，每一个具体的教学情境也往往有着不同的教学目标，因而具有动态性；另一方面，更为重要的是，如前所述，教师的"教"需要根据学生的"学"进行动态调整，而不同的学生在同一学习环境下，即使面临同样的教师其学习表现也可能千差万别，同一个学生面对不同的学习情境也常常会取得不同的学习绩效。尤其是在班级授课的情境下，教师在教学过程中不但需要关注集体的学习收获，也需要关注学生个体的学习需求，因此更需要教师以"动态"的眼光看待教学过程并进行及时有效的动态调整以达到预期的教学效果。

二、信息化教学概念

近几年，随着信息技术的迅猛发展与教育教学变革的不断推进，关于信息技术在教育教学中应用的新视点、新尝试也层出不穷，由此也产生了一系列新事物、新名词（"信息化教学"也在其中），虽然每个人对这些新事物、新名词都可以有自己个性化的理解，但是要给出一个通用的定义显然并不是一件容易的事。

在中国知网上进行查询，中文期刊中第一次出现"信息化教学"表述是1986年在《上海体育学院学报》上发表的《信息化教学——兼谈现代体育教学的发展方向》一文。文中并没有明确界定什么是信息化教学，但主要从信息社会对体育教学的挑战、建立体育教学信息系统（从信息源、信息的获取、信息的加工与处理、信息的传输、贮存、检索等角度出发）、体育教学中的信息交换、体育教学中的信息反馈、提高信息的接受率、就体育教学领域的信息化教学的必要性与推进策略进行了论述。从2009年开始，中国知网上可查的标题中含有"信息化教学"的论文每年都在百篇以上，2018年、2019年都在千篇以上，但并没有论文按照上述的下定义原则去阐释"信息化教学"，甚至绝大部分论文并没有给"信息化教学"作比较深入的说明或者没有说明，只是默认信息化教学就是有信息技术介入的教学，一些研究则直接将"信息化教学"与"数字化学习"等概念等同看待。

笔者十分认同我国教育部文件中对信息化教学的界定。2014年5月27日，教育部发布的《中小学教师信息技术应用能力标准（试行）》（教师厅〔2014〕3号）中将信息化教学界定为"与传统教学相对而言，泛指以信息技术支持为显著特征的教学形态"。

三、信息化教学内涵

（一）信息化教学其本质也是"教学"

信息化教学具备"教学"的本质内涵。因此，信息化教学也需要精心设计。笔者认为，"信息化教学"设计的起点是要回答好"信息技术为何而用"的问题；设计的重点是回应好"信息技术如何而用"的问题。实施过程中则关注实用信息技术工具的推荐与应用，期望推进信息化教学不是遗忘"教学"的本质，而是期望教学在信息技术的支持下，可以更好地实现"三效（效果、效率、效益）"优化，而对教师而言，也期望其能达到事半功倍的效果。

（二）广义上看，我们也可以不把信息化教学当作一个新的概念

如果从传播学的角度看，任何一个教学过程在本质上都是一种信息传递的过程。"信息"是一个十分古老的概念，人类对信息的应用与处理需求也似乎是与生俱来的，人类的对话与交流无不是在传递与利用信息。而"技术"可以泛指一切人类用于认识自然、改造自然的物质工具、方法技能与知识经验。这样看来，"信息技术"可以泛指一切与

信息获取、处理与传播相关的所有工具、方法技能与知识经验。所以广义上来说，如果从信息传递的角度去理解教学过程，"信息化教学"不一定是利用了现代信息技术，而"传统教学"与"信息化教学"也只是个相对的概念。事实上，"传统教学"也用了传统的信息技术（比如人类的语言、传统的黑板与粉笔、手工制作的教具等），我们现在所提的"信息化教学"也并不排斥对传统信息技术的利用。

（三）信息化教学以"信息技术的支持"为"显著特征"

虽然信息化教学并没有规定是利用信息技术，但在现代教学情境下，其中的"信息技术"是指以计算机技术为核心支撑的现代信息技术。因为计算机技术衍生了包括互联网、云计算、大数据、人工智能等技术在内的很多新兴的信息技术，这些技术在教育教学中的应用也得到了越来越多教育研究者与实践者的关注。与此同时，既然以"信息技术的支持"为"显著特征"，那么就说明"信息技术"是当前教学中不可或缺的构成因素，因此有必要分析信息技术的技术属性与教学功用等。

（四）信息化教学对从事信息化教学工作的教师提出了更高的素养要求

信息技术的介入不仅仅是多了一个要素，其重要意义在于这个要素的引入是要去影响教学中别的因素，比如信息技术要用于表达教学内容，要用于支持学生的自主学习，要用于向学生传递信息。由此，教师不但需要学习信息技术工具本身的操作方法，还需要熟悉其教学功能，并基于精心的设计将其用于自己真实的教学过程，并且还要学会评价反思信息化教学的效果。在信息化教学的背景下，教师必须成为终身学习者，学习并研究信息技术在教学中应用的方法与技巧，并在实践中反思，不断积累信息化教学的经验。

信息化教学作为教学的一种特殊形式存在，具有教学本身的一些特征。这也从侧面说明，在进行信息化教学研究与实践时，如果脱离"教学"这个核心，仅从信息化手段的角度去谈应用是片面的，不符合实际的。正确理解信息化教学的内涵与特征，有助于我们更好地把握信息化教学的原则，更好地指导教学实践。

第二节 信息化时代教学模式的探索

继《教育信息化十年发展规划（2011—2020年）》，教育部又颁布了《关于进一步推进职业教育信息化发展的指导意见》，职业教育信息化既有教育环境信息化也有教学实践信息化，教育环境信息化是基础，教学实践信息化是目的。东明县职业中等专业学校在信息化教学大背景下积极探索符合学校实际、适应学生发展需求的教学模式，由最初提出的"理实一体",到探索"项目教学",再到数字校园平台建成后的"三环"教学,直到总结出"两线—三环—四步"的教学模式,一路探索一路总结,模式更具开放性、适用性、时代性。

一、指导思想

教育部《关于进一步推进职业教育信息化发展的指导意见》(教职成〔2017〕4号)文指出到2020年,全面完成《教育信息化"十三五"规划》提出的目标任务,其中提到"应用水平显著提高,网络学习空间全面普及,线上线下混合教学模式广泛应用,自主、泛在、个性化的学习普遍开展";山东省教育厅《关于加快推进职业教育信息化发展的实施意见》(鲁教职字〔2018〕12号)文指出"创新信息化教学与学习方式,推动职业教育教与学形态的变革创新,使其更加适合'互联网+'背景下学生的学习习惯和认知规律,从根本上提高学习效果"。贯彻上述文件精神,以提高信息技术应用水平,创新信息化教学与学习方式变革,提高教育教学质量为根本目标进行教学改革。结合学校信息技术平台建设、教师信息化技术水平的提高,综合考量学校各个专业不同课程的特点,探索我校普遍适用的教学模式,用模式引领教学改革。

二、教学模式

(一)模式提出

根据学校制订的教学改革的指导思想,创新信息技术应用的途径与方式,综合各课程特点与适用性,根据职业教育学生心智规律,探索出了"两线—三环—四步"的教学模式。

(二)模式内涵

1.两条主线

"两线"指实施教学的两条线路,即线上、线下。(1)线上指学生充分利用线上学习资源课前、课中、课后的自主学习,教师课前任务、课后作业布置、学生网上收集信息资源完成任务、学生完成任务的考核与学习能力诊断、教师线上辅导等;线下指课堂教学,教师根据线上收集到学生任务完成情况及学习能力诊断,进行问题探索、任务布置、协助学生完成任务与评价,真正把学习主体还给学生。这样教师将课前预习任务及课后作业放到数字化校园平台,学生利用线上资源在课前课后完成任务,为线下学习打好基础。教师利用网上资源备课,检查学生任务完成情况为线下课堂做好准备。(2)线上、线下,学生时时处处能学,改变着传统的学习方式;教师课前、课后监督,课堂上解决学生学习中的问题，翻转课堂改变教学模式。

2. 三个环节

"三环"指三个环节：课前预习、课中任务、课后作业。教师要充分把握信息化条件下的教学三环节。（1）课前任务布置及对任务完成情况进行考核，为学生自主学习留下了空间，同时也为监督学生学习提供了技术保障，还为教师课堂设置任务与问题找到了备课基础；（2）课堂上教师布置任务，学生可线上搜索资源整理出解决任务的方案，为完成任务提供了更为开阔的信息资源，充分发挥了学生的主体作用，培养学生的自主学习能力；（3）课后教师可在线上为学生布置作业或对课中问题进一步讨论，使课中的学习得到总结与升华，是课堂学习的补充与延续。

3. 四个步骤

"四步"指课堂教学中的四个主要步骤：情景任务导入、工作方案制订、任务协作实施、工作成果评价。这是课堂教学的四个主要环节，课堂教学强调学生的主体作用，以工作任务为载体，以学生完成工作任务为教学目标，让学生在"做中学"；教师发挥主导作用，充当协助角色，落实"做中教"的教学理念。我国著名教育家陶行知指出"教、学、做是一件事，不是三件事。我们要在做上教、在做上学。不再做上用功夫，教固不成为教，学也不成为学"。现代职业教育倡导的项目教学是对教育家"做中学，做中教"主张的实践，也是现代职业教育人才培养目标的要求，学校在信息化教学背景下积极探索的课堂教学"四步"根本上还是贯彻"做中学，做中教"教育理念的项目教学。学生完成任务后适当的评价是对比、总结、提升，因此，这一教学环节必不可少。评价一般采取个人总结评价、小组评价、教师评价三个步骤，从不同层次、角度进行恰当、有效的评价会事半功倍。学生根据评价进行总结，起到凝练升华的作用，教师根据评价中发现的问题作为课后线上继续学习讨论的内容，延伸课堂，提升教学效果。

（三）模式结构

我校探索的教学模式体现了信息化时代下教学的两个主线、信息化教学资源支撑下的三个教学环节与践行"做中学，做中教"项目教学的主要课堂教学步骤，体现了现代职业教育发展理念，顺应了"互联网+"时代背景下职业教育人才培养的需要。

三、实践探索

（一）模式来源于实践

本教学模式的提出是基于学校教学改革实践的总结，早在2009年，学校建成省级化学工艺专业实训基地后，我们便积极探索理实一体的教学模式，2010年我撰写的《最大限度发挥实训基地作用的初探》交流论文被教育部收编,文中主要阐述了如何利用好实训基地开展理实一体的教学改革,这是我校教学模式改革的起点。2016年我们开始基于理实一体项目教学,认为它是理实一体教学模式的具体化,更加符合职业教育人才培养的需要,2017年我们把项目教学模式的探索改革写进了省示范校建设工程任务书。随着学校数字校园的建设,为线上、线下教学提供硬件与软件支撑,三个环节的教学模式正式提出,课堂翻转学生学习主体作用得到凸现。通过学校教学改革历程实践的总结,我们提出了"两线—三环—四步"的教学模式。

(二)探索的基本思路

2018年1月,我校21人到华东师范大学接受了项目教学专家徐国庆教授为期一周的实践性培训,启发了我们的思路。徐国庆教授基于工作任务分析的项目课程建设是项目教学的基础,由此我们发现我校原来进行的项目教学停留在表层,课堂进行的项目"无根"、目标"不明"、体系"不系统"。学校参加培训的教师,在教务处的组织下召开了三次教学模式改革研讨会,最终确定将项目课程建设与项目教学改革一并推进的改革思路。课程建设是基础,是教学资源的支撑,是学生线上学习的保障,课堂教学模式的落实,是教师主导的载体、学生实践的平台,为此我校出台了《东明县职业中等专业学校项目课程建设与项目教学改革的实施方案》,方案明确了课程建设与"两线—三环—四步"教学模式推进的具体措施,我们现正在按照方案有序推进改革。

四、作用意义

教学模式作为教学的基本程序,规范教师教学及学生学习的一般步骤,使教学过程相对清晰、目标相对明确,对学校教学工作有着指导作用。按既定的教学模式教学有以下几点意义。

(一)理清教改方向

本次探索的教学模式明确了两个方向:(1)创新信息技术与教学的结合点,让用信息技术支撑的教学成为改革的方向;(2)课堂教学推进项目化,落实"做中学""做中教"的职业教育课堂教学新理念。

(二)延伸课堂教学

数字平台的支撑、信息技术的应用,实现线上线下、时时处处的学习环境,把有限的课堂教学延伸到了超越时空限制的大环境,促使教与学的方式转变。

（三）凸现主体作用

平台的资源与诊断监督功能：（1）激发学生的学习愿望；（2）"迫使"学生自觉完成课前、课后学习任务。课堂推行任务驱动的项目教学，让学生真正在"做中学"，会激发学生的任务并完成愿望，增强学习兴趣，教师主体让位学生主体，学生的学习主体作用真正得到尊重与体现。

第三节　基于信息化时代的教学板书思考

在教育信息化水平不断提高的今天，许多教师不再用心策划、设计板书，而是更多地运用多媒体开展教学活动。针对这种现象，本节就教学板书的作用、类型、要求和存在的问题进行深入思考，以唤起教师对教学板书重要性的认识，进而重视课堂板书的设计和运用。

板书是指在课堂教学中，教师和学生根据教学需要，在黑板上把教学内容和教学过程书面化、视觉化、系统化、形象化、艺术化的过程和活动。在教育信息化的今天，许多现代化的教学手段进入课堂，但板书在教学中仍起着重要作用。经过精心设计的板书，有助于优化课堂教学，提高教学效率。因此，教师应重视课堂板书的设计和运用。

一、板书的作用

目前，我国中小学课堂教学仍以黑板为讲课的主要辅助工具。课堂教学中的重点、难点、关键以及没办法或不容易用语言表达的内容，教师要通过板书呈现给学生，使学生通过视觉感知教学内容，增强理解，加深记忆。提高教师板书水平，对提高课堂教学效率有十分重要的作用。

（一）板书能使教学内容更加有条理和清晰

在课堂教学中，教师根据教学内容将知识信息重新编码，把章、节、目通过主体板书反映出来，使学生一看板书就知道本节课教学内容的层次和条理，给学生准确、清晰的印象，成为学生认知的心理背景，也便于学生书写笔记，增强理解，加深记忆。

（二）板书能突出教学内容的重点和难点

课堂教学中，教师可以板书教学内容的重点和难点，也可以在板书内容中把重点、难点、关键点用特定符号予以标记，让学生知道本节课的要点是什么，以引起学生对重要知识点的注意和重视，从而提高教师课堂教学效率。

（三）板书能提高教学内容的直观性

在课堂教学中，有一些教学内容可能无法用语言表达或用语言难以表达清楚，这时教师可以借助板书这种辅助手段，使教学内容具体化、形象化、直观化。这样的板书既能给课堂增加一份亮色，又能提高学生的学习兴趣、激发其学习积极性，从而达到优化课堂教学效果的作用。

（四）板书有利于教师总结课堂教学内容

在课堂教学结束时，教师一般要对本次课堂的教学内容作一回顾总结，而教师精心设计的板书就是反映教学内容的"镜子"。教师可以根据主体板书的内容依次进行简明扼要的总结，并强调其重点、难点和关键点，这样会对教师的教和学生的学都起到举足轻重的作用。

（五）板书能体现出教师的综合素养和教育水平

板书的设计、书写涉及学科特点、教学方法、教学风格及教师自身素养等多方面因素。板书设计与教师逻辑思维有关，反映出教师对教材的理解程度。板书字迹的优劣反映出教师的基本技能，它影响教学效果及教师威信。好的板书如遣词造句的内容美、结构布局的形式美和字迹工整的书法美都给人以美的感受。因此，教学板书既是科学也是艺术，它是表现为静态、展开于空间、感之于视觉、存在于黑板的一门艺术。精心设计的板书是教学内容的"镜子"，是教师开展课堂教学的"助手"，是打开学生思维大门的"钥匙"，是教师综合素养及教育水平的一种体现。

二、板书的类型

依据板书在教学内容中所处的地位和作用，板书可分为主体板书和辅助板书。

主体板书也可称为正版书或保留性板书，是指讲授提纲或相关要点，一般写在黑板中间或左方，是发挥讲授主导作用的板书。一般来讲，主体板书一直保留到下课时，因此也可称为保留性板书，它是教师在本节课结束时进行课堂小结的直接依据，也是学生听课做笔记的主要内容。

辅助板书也可以称为副板书或临时性板书，是指讲授提纲和相关要点之外的内容，如易误听的字、词、数字、术语及一些例证或一些小层次教学内容。辅助板书一般写在黑板右方，起讲授辅助作用，是不断擦、写的板书，因此，也可以称为临时性板书。作为教师，在备课时要重视课堂板书的设计，板书什么、怎么板书都要用心耕耘、用心策划，减少随意性，使板书真正发挥其作用，服务于教学，优化教学。

三、板书的要求

（一）板书要有目的、有计划

板书是为教学服务的，所以教师在备课时就应该根据学科自身特点、教学目的、教学内容、教学条件等诸多因素设计板书，合理布局。书写板书前，教师需要考虑板面容量，哪些教学内容为主体板书，要保留下来；哪些教学内容为辅助板书，可以反复擦写、不作保留。这些都要做到心中有数，切不敢为板书而板书，摆花架子，浪费了课堂宝贵的教学时间，反而影响教学效果。

（二）板书要简明扼要，系统完美

因为受板面的限制，板书内容必须既简明扼要，又相对系统完美。简明扼要是指板书要紧扣教材内容，突出重点，脉络清晰，便于教师讲授和学生理解、记忆。系统完美是指板书要能概括一节课的主要内容，体系相对完整，而且让学生眼前一亮，有美的体验，真正成为课堂的一个亮点。就那么大的一块黑板，简明扼要有助于系统完美，系统完美则必须简明扼要，二者相互制约，相互影响。如果板书内容包罗万象做不到简明扼要，那么板面的限制不可能系统完美，反过来要系统完美，就不能包罗万象，必须简明扼要。

（三）板书要直观，有启发性

板书内容要按顺序系统展开，横竖成行，字迹清晰工整，重点教学内容可用彩色粉笔书写或勾画做标记。这样条理清晰、美观的板书，让学生一看就知道这节课的主要内容、重点所在，还能领悟各个知识点之间的内在结构和联系，反映出事物的发展脉络、条件、因果、从属等关系，启发学生思维、想象，从而掌握知识及事物的本质和规律。良好的板书是教师主观的科学的思维在板面上的客观反映，它源于教材又高于教材，对学生的思维有良好的启发作用。

（四）板书书写要有效率

课堂时间极其宝贵，所以板书的书写要有效率。板书书写要抓住教学机遇或教学时机，书写清楚，字迹整洁美观，而且速度宜快。为了方便学生视听结合，教师应侧着身子书写，不能面对黑板边说边写，既影响学生视线，又影响学生注意及兴趣，整个课堂的师生互动交流不畅通，导致教学效率低下。由此可见，板书的书写效率至关重要。

四、信息化时代教师板书存在的问题及对策

随着科学技术的发展及教学硬件的改善，多媒体等先进教学用具纷纷步入课堂。教学板书这一教学行为似乎失去了往日的生命力，许多教师备课时不研究或不设计板书内容，板书无准备，随意性较大，想写什么就在黑板上写什么，想在哪儿写就在哪儿写，黑板使用不合理，主体板书和辅助板书不分，整个板书杂乱无序；一些教师字迹潦草，使用不标准的简化字，甚至出现错别字；个别教师缺乏板书基本功，字迹不优美。

针对现状，要提高教师的板书水平应做到以下几点：第一，要提高广大教师对教学板书重要性的认识，从思想上重视板书的设计运用，充分发挥板书的作用；第二，教师要苦练"三笔字"。写好"三笔字"即钢笔字、粉笔字、毛笔字是教师，尤其是中小学教师的必备技能，是教学基本功之一，它直接影响教学效果甚至教师威信；第三，教师要学习板书设计的一些常用方法，如摘录提纲法、排列组合法、概括归纳法、图形示意法等。教师在掌握常规方法的基础上，可以根据学科自身特点、教学内容、教学目的、教师自身特点及学生特点创造设计出适合所教学生的富有特色的教学板书。

总之，教学板书既是科学也是艺术，是教师课堂教学的一项基本功，是完成教学任务的重要手段之一。虽然信息化时代多媒体课件有板书无法具备的多种优点，但完整的课堂教学是不能缺少板书这支点睛之笔的，教师需综合运用各种教学手段，才能使课堂充满生机与活力。因此，每位教师要有目的、有意识地严格要求自己，坚持不懈地学习和练习，不断地总结和改进，提高自己的板书水平，进而提高教育教学质量。

第四节　信息化时代的教学环境建设

本节主要研究了大学信息化教学软环境建设以及硬环境建设，并提出了大学信息化教学资源建设等相关内容，希望为促进大学信息化教学环境建设顺利进行提供一定的参考与借鉴。

信息时代的到来，对大学教学环境提出更高的要求。因此，高校要重视建设完善的信息化教学环境，从而推进我国高校教育水平迈向一个更高的台阶。下面主要围绕着大学信息化教学软环境建设展开简单分析与探讨：

一、大学信息化教学软环境建设

政策环境的建设。现代化教育理念是信息化教学环境建设的重要指导，其中，良好的政策环境是保障大学信息化教学环境建设基础。所以，加强大学信息化教学环境建设有着重要意义，一方面满足高校教育发展的趋势；另一方面实现教育信息化目标，促进传统教学理念与教学模式的转变。为此，学校要立足于自身实际发展情况，积极制定相关的配套政策，营造出良好的政策环境，从而推动教学信息化建设进程。为此，作为学校领导层要高度重视大学信息化教学环境建设重要性，贯彻落实各项发展规划，这样既保障了资金的到位，又实现机构的合理化配置，充分点燃全校师生积极性与主动性，不断推进大学教育信息化建设深入。

人才环境的建设。一支高素质的人才队伍是保障大学信息化教学环境建设的关键，是保证大学教学环境信息化建设可持续发展的基础。为此，在大力推进大学教学环境信息化建设过程之中，要高度重视人才工作的建设，不断吸收高素质网络技术人才以及网络管理人才，从而为教学环境信息化教学奠定坚实的人才基础。作为信息技术教育的主要引导者以及设计者，教师自身除了要具备丰富的教育教学经验，而且应当熟练掌握现代化信息技术。只有这样，才能够充分发挥信息技术的优势，推进教育教学工作的顺利进行。因此，为了保障大学教学环境信息化建设的质量，有必要加强对教师的专业培训，全面提高教师专业素质与专业水平，从而为系统运行的安全性与稳定性提供重要保障。

其中，在推进大学教学环境信息化建设中，教师具备现代信息技术操作能力有着重要意义，具体表现为下面两点：第一，教师自身如果能够熟练操作计算机技术，便可以在平时教育教学工作中渗透现代化信息技术，从而为教学质量提供重要保障，最大限度发挥出信息技术在推进教学质量提升作用；第二，教师在教学过程之中可以引导学生利用现代化信息技术开展学习活动，强化学生对各种知识的学习与掌握，从而促进学生的全面发展。

安全保障体系建设。在完成大学教学环境的信息化建设之中，利用计算机每个人可以对校园网络信息系统进行访问，其中，完善的安全体系是保障校园网络环境的安全性基础，否则，外界不良信息以及"黑客"等将会对校园网络信息系统造成攻击。所以，为了保障校园网络信息系统安全地、稳定地运行，有必要加快构建融入了多种先进技术的、高效的安全保障体系。在建设大学教学环境信息化安全体系过程之中首要任务是组织成立信息安全以及计算机网络小组，并在此基础上制定计算机信息安全总体规划，建立健全动态信息安全管理系统。除此之外，要加大对安全与信息法制教育的宣传力度，组织全校师生听取安全信息讲座，从而提升全体师生信息安全的意识，加强对各种计算机网络犯罪行为的打击与防范，从而为校园网络信息系统的安全性提供重要保障。

二、大学信息化教学硬环境建设

在推进教学现代化建设中，信息化教学硬环境发挥重要作用，其中，就其内容来看，主要包括下面几点：第一，校园网；第二，数字图书馆；第三，电子阅览室；第四，多媒体教室；第五，计算机网络教室；第六，电子备课系统等。硬环境建设是一项复杂性与系统性工作，所涉及的学校建设环节众多。在加强教学信息化硬环境建设中要坚持优先建设网络的原则，要加强统一领导与管理，采用重点突出、分步实施的方针。要充分考虑近期目标与远期发展等，围绕着学校发展的需要，推进教学环境信息化建设。与此同时，要坚持"源于需求、高于需求"的基本原则，运用科学的思想落实统筹规划与设计工作。在实际建设过程之中要在充分调查学校的发展需要基础上，制定出科学的方案并明确总体结构，而后选择合适的设备型号，防止浪费大量的人财物资源。

三、大学信息化教学资源的建设

信息化教学资源建设内容。就信息教育资源的内容来看，主要包括下面几点，第一，公用服务平台，在推进校园网络运用中教学系统公共服务平台是重要基础，是营造出数字化、信息化以及网络化运行环境的关键；第二，教学资源库；第三，精品网络课程；第四，数字化图书馆；第五，教学网站；第六，各类网络运用软件；第七，自主研发教学资源。

信息化教学资源的自主研发。教学资源库的建设是一个兼具复杂性与系统性的长期过程，资源库技术要随着课程内容的更新不断向前发展。为此，在推进教学资源库的建设过程之中，要重视全校师生的积极参与，立足于学校的实际情况，根据学校的办学特点，构建符合自身发展的校园网络教学资源，从而实现外部引进以及自主研发两者的充分融合。其中，就教学资源的自主研发来看，其主要包括下面两个途径：第一，实现对学校现有教学资源的数字化处理，通过对传统教学资源的优化整合，使其能够适用于多媒体以及计算机网络教学；第二，建设一支自主研发的队伍，按照各个学科具体需要进行自主开发，这样不仅节约更多的开发成本，而且实现对人才队伍的充分锻炼，既符合高校教学的需要，又便于后期的维护与更新。

信息化教学资源的合作开发。加强校际合作是实现对现有信息资源充分利用的重要途径，为此，在推进教学环境信息化建设中要积极向拥有丰富教学资源以及开发能力的院校学习，组织各类信息交流、教学软件比赛以及研讨会等，从而推进校际合作交流。

与此同时，要重视优秀教学资源的引进，加快建设高校信息化教学资源库，从而促使共享共建的良性循环机制的形成。

综上所述，在信息时代的背景下，高校要重视推进教学环境的信息化建设，要从软环境与硬环境两个方面入手，同时加强大学信息化教学资源建设，从而推进大学教学环境的信息化建设顺利进行，为高校教育教学质量提供重要保障，从而促进当代大学生的全面发展。

第五节 信息化时代的有效教学探析

本节阐述了有效教学及其衡量标准、内涵，有效教学的误区，信息化技术对有效教学的影响以及教师的努力方向，希望通过有效教学使学生得到成长，对学生后期的发展能起到良好而深远的影响。

据调查，目前职业学校的理论课教师的无效劳动大约占50%，甚至更高，职业学校的学生普遍存在的基础较薄弱、学习习惯不佳、学习能动性不强等因素，对教学效果产生了负面影响，因此有必要对有效教学加强研究并实施。

一、有效教学及衡量标准

有效教学是指在教师实施一段时间的教学后，学生所获得具体进步或发展；无效教学指在教学中教师的教与学生的学之间存在脱节，导致效率低下，在一些情况下甚至会产生负效教学。

下面列举了不同教学方式的教学效果：讲授法学生掌握率5%；阅读法学生掌握率10%；视频教学法学生掌握率20%；演示法学生掌握率30%；讨论法学生掌握率50%；实践教学学生掌握率70%；学生讲解法学生掌握率90%。

从上述结果可以看出各种教学方法不同的效果，然而在实际教学中，大多数的老师采用的教学方法概率和学生的掌握率却恰好是相反的。

衡量教学是否有效的唯一指标是学生有没有进步和发展。根据笔者在职业学校多年的教学经历发现，教学效果在一定程度上并不取决于老师所教内容的多少和教学态度的好坏，最终要看学生学到了多少。

二、有效教学的内涵

（一）教学有效果

教学有效果体现在教学达到了学生的学习目标。教学效果的衡量标准是学，而不是教，学生是否获得进步和发展，获得了多少，是有效教学质和量的体现。教学效果可以从学生的学习成绩、认知、学习态度的变化等方面加以衡量。学习成绩的及格率和优良率是常用的外在衡量指标，而学生内在的知识从无到有，技能从不会到会，素质的提高，态度的改变，学习情感、能力的增强，变得乐学、善学，是衡量学习效果的内在指标。

（二）教学有价值

教学有价值体现在教学能满足学生的学习需要，就是学到的东西对学生有用。有效果不一定有价值，比如说，学生通过死记硬背、题海战术，成绩上获得了高分，但所学与实际相脱节，无法应用于实践。教学有价值还体现在教学是否符合社会和个人发展的需求、能否有益于学生身心健康。有效教学能使学生学会学习、学会生存，具备终身学习的能力，具有高尚的道德、健全的人格，使学生终身受益。

（三）教学有效率

在教学有效果、有价值的前提下，有效教学还必须有效率。教学有效率体现在学生用最少的投入或消耗（时间、精力、金钱等）达到学习目标。教学效率可以判断教学是有效、低效还是无效。一般地说，教学效果和时间消耗是衡量教学效率的常用指标。减负增效，就是要减少学生时间消耗，提高时间的利用率，提高教学效果。

（四）教学有魅力

教学有魅力体现在能吸引学生继续学习，激发学习兴趣、提高学习能力，对学生有长久深远的积极影响。从"学会"到"会学"，尤为重要，当今社会新知识、新技术不断涌现，任何人都无法在学校中学完一生所需要的知识与技能，当前的世界还是一个要求创新创造的世界，如果不具备终身学习的能力，不能跟上时代的脚步，最终将被时代抛弃。

三、对有效教学的片面认识

越"灌"越有效。满堂灌，满屏灌，教师煞费苦心，学生不动脑筋，其结果必然是效率低下，同时使学生的学习兴趣下降，越"刷"越有效。学生奋战题海，教师辛苦批改，学得累，教得苦，最终的结果往往是死记硬背、高分低能。越"秀"越有效。手段花样繁多，教师表演，学生成为观众，学生的注意力偏置，知识、能力得不到提高。

四、有效教学与信息技术应用

对有效教学的不断研究和实践以及当今信息技术的快速发展和普及，极大地为有效教学实施提供了可能和支持。教师应加强对有效教学的研究，把信息技术、信息资源和课程有机结合起来，建构有效的教学方式，促进教学的最优化。

教师应将信息技术运用到备课过程中，有效备课不仅要备内容、备教材，更要备学生；将信息技术运用到课堂教学过程中，有效讲授，有效指导，促进学生主动学习；将信息技术应用到评价体系中，师生互动沟通，激发学生学习兴趣；信息技术运用到开放教学中，课前预习、课后辅导答疑等。

随着网络和多媒体技术的发展和成熟，公共交互平台如 QQ 微信，教学专用平台如蓝墨云等，可以发布多形式的学习资源，互动交流，相互评价。学习手段的不断充实，也改变了学生的学习方式，学习以学生为主体，以问题为中心的，可以随时随地进行，学习变得更有创造性。

第二章 商务英语的特点研究

第一节 商务英语的特点分析

作为国际贸易交流的重要手段,商务英语正日益显示出其强大的生命力,受到越来越多的企业、院校和师生的重视。论文从商务英语的定义及特点方面进行分析研究,提出了改进商务英语教学的建议与措施。

近年来,随着经济全球化的发展和中国对外贸易的深入,商务英语作为国际贸易交流的重要手段,正日益显示出其强大的生命力,受到越来越多的企业、院校和广大师生的重视。什么是商务英语以及它和普通英语有何区别,值得我们进行深入了解与研究,以便我们更好地改进商务英语教学,从而高质高效地培养更多符合社会需要的商务英语人才。

一、商务英语

商务英语作为专门用途英语的一个重要分支,学术界对其应属商科专业还是属英语专业这一问题曾颇有争议。

20世纪80年代前,人们普遍把在对外贸易中应用的英语统称为外贸英语或对外经贸英语,属于语言学的范畴;至90年代,商务英语被认为是在所有商务环境中应用的英语,与社会科学英语和科学技术英语一起,构成专门用途英语的三个分支,这时的商务英语要求应用于特定的领域,并具有该领域相关的专门化内容,这一概念开始注意到商务英语与普通英语之间的差别以及商务英语的特点;到21世纪初,商务英语被认为是在外国语言学和应用语言学指导下,研究英语在国际商务中的应用,它是语言学与管理学、经济学交叉学习应用的一种学科,这一概念不再把商务英语局限于学生对英语知识的掌握,而更加注重商务知识的增加。

目前学术界普遍认为,商务英语应属于应用语言学的范畴,即商务英语是以语言学与应用语言学理论为基础、涉及多门类的交叉性学科,是英语的一种重要功能变体,也是专门用途英语的一个重要分支。

随着经济发展的全球化，各个领域对外交流与合作的日趋频繁，商务英语已被时代赋予了新的内涵，不仅指我国对外贸易业务英语，而且涵盖在对外交往活动的各领域中人们所应用的英语。商务英语主要由三个要素组成：商务背景知识、商务背景中使用的语言和商务交际技能。

商务交际技能指从事商务交际活动所必需的技能，既有语言方面的，也有非语言方面的。不同领域学习者工作性质及专业化程度决定商务背景知识的内容；而商务背景的内容决定该情景中需要运用的交际技能以及语言技能。

商务背景中使用的语言涉及词汇、句型、篇章及语音、语调等方面的能力，具体情景中使用的语言是由其商务背景的内容和交际技能决定的；商务内容决定专业词汇的选择，交际技能则决定句型的选择、篇章结构、文体风格、语调、节奏的变化等。

二、商务英语的特点

语言本身即是一种沟通交流的工具，人们使用语言就是为了达到交流、传递信息等目的。学习它的最终目的就是更好地使用它。与普通英语相比，商务英语的特点体现在它的目的性、专业性和交际能力等方面。

（一）目的性强

商务英语是用来评估公司、工作和个人，确定工作需要的语言水平，而普通英语则是用来评价学习者的语言需求。学习商务英语的目的是在进行商务活动中可以更好地运用它来为我们服务，目的性强是商务的显著特点之一。

在商务会议、打电话和讨论等情境中，语言的应用是为了达到某种目的，语言应用是否成功要看交易或事件是否得到好的结果。人们使用商务英语，其目的主要是在工作中获得更好的成绩。

商务英语的专业性还体现在教材方面。普通英语各个等级的教材均是现成的，教师无须编写教材。无论是针对英语专业还是非英语专业的学生的英语教材，国家级、省级以及各个地方级出版社都有大量优秀教材投入市场，供广大师生选择。这些教材从教学手段、教学方法、课堂设计、趣味性等各个方面都丰富多彩，各有千秋。而商务英语教材的选择性则要匮乏得多。近年来，各研究机构和出版社虽然也出版或从国外引进了不少专业教材，但其质量、数量、信度和效度等与普通英语教材相比，有很大的差距。而且因为商务英语不同领域的专业差异，有些教材很可能无法满足个人或集体的特殊需要，因此有必要为特殊课程和专业编写专门教材。

在教学方面，商务英语设置的课程具有确定的目标和大纲，旨在履行交际任务或运用交际技能；而普通英语则以通过考试为目的。

为了体现商务英语的目的性，首先要明确，商务英语往往是客观的，而不是主观的、个人的。例如，在讨论或在会议中，运用客观的观点来评价事实远比表达个人感情和观点更恰如其分；其次，传达信息时要简单明了，正确无误，尽量减少误解，某些熟悉的概念可以用术语来表示，以避免累赘；此外，英语表达要简洁清楚，特别是在发传真或打电话等商务环境中；最后，要有清晰的思路、很强的逻辑性，可以运用逻辑的词语，如：as a result，for this reason，in order to 等。

（二）专业性强

商务英语属于特殊用途英语（English for Specific Purposes）的一种，其范围很难界定，因为它包括不同种英语，其中有些很具体，而有些则很一般。

根据对商务知识的要求，商务英语可分为普通商务英语（Ordinary Business English）和专门商务英语（Specialized Business English）。普通商务英语只是一般地涉及商务活动的内容，与普通英语具备相同的语言特色；而专门商务英语包括商务活动中所使用的文件、法律、法规和惯例，专业理论、业务规范、专门术语等，无论在语言形式上还是在语言标准上都有别于普通英语。其内容除语言文学外，还涉及文化、经济、管理、贸易、法律等诸多学科。因此，商务英语具有较强的专业性。专业知识的掌握程度在很大程度上决定了商务英语的表现能力。

商务英语既包含普通英语的内容，又包含商务知识的特定内容。与普通英语相同的是，掌握商务英语，必须具备听、说、读、写、译的基本能力。不同的是，商务英语还涉及相当广泛的专业词汇和知识，如贸易知识、金融知识、财务知识、会计知识、法律知识、管理知识等。概括地说，商务英语包含有丰富的专业知识。这也是为什么西方外语教学界把商务英语教学确定为特殊用途英语（ESP）的一个领域的原因。

商务英语在大学有固定的考试（口试和笔试），而在公司，商务英语培训通常没有考试，非正式的评估通常注重交际是否成功，即考生是否能在特定的场合准确并恰当地表达思想。普通英语的正式考试通常是笔试，根据语法准确、词汇量和用词恰当的标准打分。

（三）交际能力要求高

商务英语从业人员往往需要与从未谋面或不熟悉的人交往，为了与来自不同文化、说不同母语的人很快彼此融洽，他们必须了解国际交往惯例、接触各地文化习俗，学习社交礼仪等。社交常常是礼仪性的，在交往惯例的情景中使用公式化的语言，如问候、介绍等。普遍采用的交往方式为彬彬有礼，社会交往的方式和内容都体现出建立良好关系的愿望。

商务英语领域看重的并不是死记硬背，而是接受能力、应用能力和交际能力。商务英语人才应该注重社会交际能力和语言实际运用能力的培养。商务英语人才不仅听得懂，说得出，而且能在商务活动中"招之即来，来之能战"。与普通英语通过各类考试来衡量学生英语水平不同，交际是否成功，即是否能在特定的场合准确并恰当地表达思想，是公司和社会用来评估学生商务英语水平的主要标尺。

三、教学启示

商务英语作为国际贸易交流的重要手段，正日益显示出其强大的生命力，受到越来越多的企业、院校和广大师生的重视。目前，国内开设商务英语专业课程的院校已有400多所。商务英语的教学法很多与普通英语相同，特别是句型、词汇和社交英语的教学。角色扮演对两种英语均很普遍，但它们的情景和语言有很大的不同。商务英语也借鉴管理培训的一些做法，如解决问题、决策、团队建设等。普通英语教学具有更广泛的技巧，很多课堂活动的设计旨在使学习更有趣、更丰富多彩，以便使学生保持学习兴趣和动机。

对比商务英语和普通英语的概念和特点，我们既要看到商务英语作为一种语言与普通英语的共性，又要看到商务英语自身的特点，在教学原则、教学方法和教学实践等方面加以区分，充分展示商务英语的特色。

（一）增加教学内容的趣味性

兴趣是最好的老师。商务英语作为一门交叉性学科，涉及专业广，我们可以抓住其在专业性方面与普通英语的区别，选择实用有趣的教学内容，与时俱进，把最新的现代管理、经济、金融、法律方面的知识传授给学生。例如，中国加入WTO之后，我国外贸政策、金融改革方面的内容都要求学生及时了解和掌握。在教学活动的任务设计中我们可以补充一些与教材相关的语言点，如新的词汇、表达法以及相应的文化知识，以激发学生的学习兴趣。比如在介绍商务会谈时，我们可以介绍不同国家的风俗习惯、电话用语、商务礼仪等。我们应当有意识地介绍不同国家和地区的历史文化、宗教信仰、民情风俗、烹饪特色等，帮助学生开阔视野，扩大知识面，加深对世界的了解，培养他们对异国文化的敏感性。

（二）突出商务英语的交际性

语言的交际性是商务英语的一个重要特点，在教学中我们要突出商务英语的交际功能。任务型教学法可以更好地实现商务英语的交际作用。任务型教学法是指在教学过程中教师给予学习者一定的学习任务，完成某一交际的目的，如询价、投诉等。学习者以任务为中心，尽力调动各种语言的和非语言的资源进行交流，来完成这一任务。在此过程中，学习者始终处于一种积极主动的心理状态，学习者自然地运用语言，教师与学习者之间、任务的参与者之间的交际过程既是互动的过程，也是相互学习的过程。这一过程营造了一个有利于学习者语言习得和内化的支持环境。与传统的英语教育法如语法翻译法、听说法相比，任务型教学法促成了师生角色的转换：教师由主讲变成了主导，学生由被动的学习者转化为主动的参与者。

（三）运用先进教学设备

在这个信息化的时代，多媒体技术尤其是现代网络技术，被广泛应用于各个领域，教学领域也是如此。将投影仪、幻灯机、DVD、计算机、互联网等现代化多媒体手段运用于商务英语教学之中，能生动形象地呈现商务英语的情景，增加课堂的趣味性，从而增强教学效果，提高教学质量。以网络技术为平台，让学生通过网上学习、练习、答疑、讨论来巩固学生在课堂上所学的知识。同时互联网上的虚拟世界能为教学提供一个完全真实的学习环境，学生可不受时空的局限得到全方位地接触外语语言与文化的机会。

（四）采用互动式情景教学

商务英语的课堂应是互动式的课堂，我们可以采用互动式情景教学的方法，模拟商务英语的情景，进行句型、对话等的操练。比如在讲到 explaining and presenting（解释与展示）这一内容时，我们可以模仿在英语背景下交易的买卖双方，卖方向买方描述产品特征、用途、优点及产品的卖点（USP：Unique Selling Proposition）。教师可以要求以分组或结对的方式，自主选择展示的商品，甚至可以把实物带到模拟现场。学习者分别扮演买卖双方等角色，进行商务会话。根据学习者的基础，教师可以选择在练习前或练习后提供常用词汇和句型等，辅助学习者完成交流的任务。

（五）引进国外优秀原版教材

教材是实现教学目标的保证。商务英语在我国的发展虽然还处于初步阶段，但在英美等国已经发展成为一门十分成熟的学科，有很多比较完善的教材可供选择。因此，建议引进国外优秀原版教材，这样学生既学习了英语，又获取了专业信息。

只有在教学中注重商务英语自身的特点，充分发挥其自身优势，才能培养出合格的、适应世纪社会需求的创新性国际型复合型商务英语应用型人才。

第二节　商务英语的语言特点

作为一门国际性的语言，商务英语在国际商贸活动起着重要作用。本节分析了商务英语自身的语言特点，并基于其翻译中存在的对翻译技巧进行了深入分析，以希望为商务活动的顺利进行打下良好的基础。

商务英语是英语体系的一个重要分支，专门应用于商务活动中，其集目的性、专业性和实用性于一体。商务英语不仅展现了其独特的艺术美，更加注重逻辑性和结构性，格式简单明了，很少采用夸张的修饰成分，其目的在于提升效率。下面本节就对文章主题进行深入说明。

一、商务英语的语言特点分析

（一）词汇量大

和一般英语相比，商务英语词汇量大且杂，而且注重专业性。其中，商务英语中的专业术语在不同的场合和情境中有着不同的含义，这就需要译者结合自身的工作实践和当时的语境对商务英语词汇进行准确的定义。此外，新词汇的融入也是商务英语的一大特征，以此来跟上快速发展的经济。比如 double dip（经济二次探底），hard landing（经济硬着陆）等。

（二）句子长且难

商务英语句子大都以长句出现，并且包含多个定语和多层含义，这就加大了翻译的难度。不仅如此，商务英语的语言特点大都是被动形式，以表现句子的紧密性。比如 By adopting flexible macroeconomic and financial policies, China has made her contributions to the sustainable development of the Asian economy, and to the economic integration of the Asian community。这便是长句的代表。

（三）商务英语语言文本的表现特征

第一，商务英语文本表达的实践具有针对性和准确性。第二，商务英语语句中避免采用修辞，这从侧面上深刻体现了商务英语的严谨性。虽然商务英语严禁情感色彩，但会采用敬语，比如 I would like to hold a meeting in the afternoon about our development planning for the project A. 今天下午我建议我们就 A 项目的发展计划开会讨论一下，I want to talk to you over the phone regarding issues about report development and the XXX project，我想跟你电话讨论下报告进展和XXX项目的情况，以表现出贸易双方的素养和合作的意向。第三，专业性强的短语是商务英语文本中经常出现的，将其用作从句来展现商务双方的协议和合同的注意事项。

二、商务英语翻译中存在的问题分析

一词多义和翻译人员专业知识的匮乏，导致商务翻译中问题的不断出现，同时不同文化、不同风俗等也是阻碍商务英语翻译顺利进行的一个重要因素。

（一）一词多义导致的错误

一个单词有多种意思的情况非常多，而且普通英语在商务英语也有着独特的含义。有时因为翻译工作者没能深入了解商务词汇的具体含义，导致翻译错误不断出现。比如"maturity"在日常应用翻译为果实，而在商务英语中则翻译为"到期"。"principal"在日常应用中为负责人的意思，在商务英语中则被翻译为"资本"，有时也会被翻译为本金。商务翻译工作者如若不能全方位了解具体单词的含义，则很容易出现致命的错误。此外，商务英语的单复数其含义也存在本质的区别，比如stock单数形式为库存，stocks则式库存量的意思。虽然都是一些小的区分和差别，但如若不注意严重者会阻碍商务活动的顺利进行。

（二）专业知识欠缺导致的翻译错误

商务英语设计的范围非常广，比如广告、金融、物流、法律等等。在翻译过程中，翻译者如若不能掌握专业知识则会直接导致错误的出现。因为翻译是否准确、清晰决定着能否给商务贸易双方提供正确的理解。如若对专业知识了解不够透彻，则会影响翻译的质量和效率。这就要求翻译工作人员强化自身的业务能力，夯实基础，确保翻译的顺利完成。

（三）文化背景差异导致的翻译错误

文化背景也是导致翻译失误的一个重要因素。在开展商务活动贸易的时候，必须立足本民族文化进行交流和交际，方式分析的发生，而这些全部会体现在商务英语翻译上。比如"Comforter"在美国被翻译为棉被，而在我国应该则是"奶嘴"的意思。同一个单词，在不同国家、不同民族也有着不同的含义，所以在翻译中很容易出现这种错误的理解。也就是说，你了解的和对方完全不同，这些都是导致翻译出错的原因。

三、商务英语翻译技巧探讨

（一）夯实商务专业知识

从事商务英语翻译这门工作，就要清晰、准确地把握商贸双方的语言表达情况，并对其深入分析，以保证翻译准确地进行。此外，译者除了必备的专业知识以外，还要深化自身的理解，增加自身的知识储备量。比如掌握了商务英语的特点之后，可以根据具体的情境进行有效的转换，并从脑海中提取与之匹配的词汇进行表达，以保证商务贸易活动的顺利进行。

（二）立足具体语境，针对性分析问题

由于合作的特殊性，不同形式的合作会选择合适的地方开展。比如有的倾向于茶馆，有的则会选择高尔夫球场这一开放性场合，这就要求译者根据结合场合对问题进行深入分析，以使双方满意，准确地完成商务翻译工作。此外，翻译人员要根据翻译的目标人员的特点，采取多种形式的语言特点，去向双方传达重点内容，以保证翻译工作高质、高效地完成。比如 Order balance payment will be settled on the 18th of this month。这句话如若出现在正式的商务活动现场，翻译人员需要给出具体明确的回复：订单尾款将会在本月的 18 日结清；而如若出现在环境幽雅、氛围良好的茶馆，翻译者可以采用委婉的语气完成，以实现合作的效果。

（三）坚持交际运用的原则

商务英语以应用为主，所以翻译工作者要坚持不同民族、不同文化的属性特征，身为一名翻译者，必须掌握翻译交流和应用的基本原则，这是对贸易双方的充分尊重。比如贸易一方呈现了一篇文章的提案，译者必须深入提案要求，深入其提案背后的文化背景和意图，并将其融合到自己的翻译中，以将原文准确无误地呈现给目标读者。如若提案中出现情态动词，工作人员要坚持一致性的基本原则，根据文本的上下文进行翻译：I hope this cooperation can be successfully completed with the efforts of both sides（希望在双方的努力下能够顺利地完成这次合作）。在翻译的过程中，工作人员要平衡双方的态度，对情态动词进行强调，以提高翻译的准确性和严谨性。

（四）提高译者跨文化能力

商务英语是一门世界性的语言，各国的商贸活动有必须立足译者的准确翻译，如此才能保证商务贸易活动的顺利进行。虽然专业性、规范性是商务英语最基本的特征，但翻译者要结合具体的情况进行分析，适当地融入礼仪等情感色彩。不同国家和民族在长

期的历史发展中,形成了独特的礼仪规范,为此翻译工作者必须深入本民族,了解其礼仪特点,以保证翻译的顺利进行。以中国为例,在翻译中要充分体现尊重,要求翻译工作者在语言翻译中采用委婉的形式进行开场,以保证合作的顺利开展,此外,在实际翻译中,除了要深入不同国家的文化之外,还要注重其文化背后的深层含义,比如"bin"美国意为储物箱,而在英式英语中则是垃圾桶的意思。可见不同文化下的国家其表达的含义也有所区别。所以在实际翻译中,译者必须加强注意,以促使翻译工作的顺利开展。

作为一种用于商务贸易活动中的语言,有其独有的特征。在实际翻译中,翻译工作人员必须遵循商务英语的翻译特点,以此来提升翻译质量。商务英语是特定情境中带有专业性、规范性的语言交流。所以研究商务英语的语言特点对促进商务活动的顺利交流有着积极的推动作用,不仅如此,商务英语在不同文化下的翻译也有所差别,需要译者结合实际情况进行准确的翻译,以促进合作的顺利完成。同时,在实际翻译中,工作人员要掌握其翻译的基本原则,防止错误的出现阻碍商务活动的顺利进行。

第三节　商务英语的口译特点

在我国对外贸易的发展下,对高素质商务英语口译人才的需求量越来越大,商务英语口译对译者综合素质的要求较高,不仅要具备扎实的理论知识,还要具备良好的跨文化交际能力。本节基于此,针对商务英语的口译特点进行分析,并针对商务英语口译错误的规避方式做出阐述。

在经济的迅速发展下,越来越多的外资企业进入我国,我国与其他国家的交流、交往也变得日趋频繁,对翻译人才的需求量也逐年递增,商务英语旨在为社会培育应用型人才,具有很强的目的性。商务应用的应用领域集中在对外商务,特别是跨国商务,口译者不仅要精通理论知识,还要掌握全面的商务知识,能够灵活应对口译任务。

一、商务英语口译的发展背景

商务英语源自西方国家,关于商务英语口译的发展,包括如下几个阶段:

第一阶段:商务英语口译的起源可以追溯至20世纪50～60年代,代表者有Herbert、Rozen,这是商务英语口译发展的初级阶段,研究的重点是口译的环境和工作经验,包括口译难点、口译对翻译者的要求、口译过程中的过度疲劳问题等。

第二阶段:到20世纪60～70年代,商务英语口译的发展进入迅速发展时期,有大量心理语言学家和心理学家针对这一问题进行了深入研究，其研究的重点集中在商务英语口译的目的语、源出语、噪音、语速等内容。

第三阶段：20世纪70～80年代是商务英语口译发展的第三阶段，在这一时期，释意派理论诞生，该种理论更加关注"意译"，要让商务英语口语的翻译做到传神，不能逐词逐句地进行翻译，而是要从全局角度着手，这为后续的商务英语口译提供了理论指导与借鉴。

第四阶段：从20世纪80年代开始，商务英语口译研究进入了第四阶段，其中，最具代表性的是Daniel Gile，他提出了跨学科实证研究方式，他认为，对于商务英语口译问题的研究，需要将其结合社会学、语言学、认知心理学等内容来开展实证研究，并提出"三阶段模式""交际模式"，这一研究更加注重口译的实践性与应用性，是对传统理论研究的重要补充。

二、商务英语口译的特点

商务英语口译是一种复杂的交流过程，商务英语本身汇集了英语、商务知识的内容，对口译人才的综合能力提出了更高要求，商务英语口译的特点表现在几个方面：

（一）语言上的特点

在语言上，商务英语词汇具有明确性、简洁性特征，译者能够直观知晓词汇的含义。商务英语是普通英语的延伸，译者首先得有坚实的语言基础，否则无法开展任何的涉外商务活动。同时，商务英语中会大量应用缩略语，如FOB、W/B分别是离岸价、世界银行，要翻译出来，口译者必须对各类词汇的缩略语了然于心，根据内容和资料给出最准确的翻译，避免发生错译、漏译问题。除此之外，在商务英语中，也经常看到一词多义的情况，且多数商务英语单词都有这种情况，在翻译时，需要结合前后语言做出综合判断，分析词汇在不同语境下的具体含义，方可做到精准翻译。

（二）非语言上的特点

在商务英语领域中跨文化交际能力的培养和文化差异问题受到了越来越多的重视，商务英语口译往往是不可捉摸的，具有不可预测性，一般情况下，商务英语口译在商务谈判时进行，谈判内容也是不可预知的，会随着谈判者的意愿发生变化，在谈判时，必须做到明确，避免出现含糊不清的问题，否则，不仅会影响谈判活动的顺利进行，还会引发矛盾。

同时，商务英语翻译需要全程互动，商务贸易的目标是保证双方达成贸易关系，确保贸易的顺利进行，因此，在翻译时，译者不仅要传达出表达者的字面意思，还要做好互动，促进双方顺利交流，译者不仅要具备扎实的英语能力，掌握商务知识，还要了解贸易双方国家的文化背景、公司文化等，通过互动来促进双方贸易的顺利达成。

此外，商务英语还具有时效性、口语性的特征。从实效性角度而言，商务英语口语对于翻译时间有严格要求，译者必须在短时间内精准传递表达者的思想和情感，这就要求译者具有很好的口语表达和临床应对能力，可以灵活应对各种场面。在具体的翻译活动中，还有大量的口语内容，这些口语往往不是固定的，译者除了要掌握基本语言知识外，还要学会灵活使用诗句、习语等，从而精准传递出表达者的意见，让翻译内容更加贴切、准确。

三、商务英语口译错误的规避方式

为了减少商务英语口译中的错误，需要尽可能减少直译，作为译者，要对各地的文化典故、风俗习惯等有全面了解，综合各类元素来进行翻译，准确传达意思。同时，要加强学习，提高自身的语用能力，口译是沟通商务活动双方的重要桥梁，译者在平时的学习中，除了关注理论知识之外，还要深入研究外方国家的生活习惯、文化背景等，尽可能减少跨文化冲突。除此之外，在商务英语口译中，有很多缩略语、专业术语，要加强积累，主动涉猎相关的内容。

进入知识经济时代后，我国积极参与国际竞争，商务英语活动也更加频繁，商务英语口译是在经济贸易发展和经济全球一体化背景下诞生的一门热门行业，对译者综合能力要求较高。作为学习者，需要注重商务英语基础知识的学习，并将口译实践、口译技巧等内容相结合，锻炼自身的口译基本能力和会话能力，掌握相关词汇、举行、跨文化交际内容，不断提高团队合作能力、沟通能力和表达能力，以更好适应商务英语口译的需求。

第四节　商务英语信函语言特点

简洁高效的商务沟通是顺利进行商务交往的关键。书信往来是开展对外贸易业务中使用最广泛的通信联系方法。如何草拟一篇好的商务英语信函一直以来都是对外商务工作者十分关心的问题。本节从词汇、句子和语篇入手，深入探讨商务英语信函的语言特点。本研究对提高学生商务写作能力有着重要的意义。

随着经济全球化的深入发展以及国际经济贸易合作的增加，跨境商业活动日趋频繁。

商务信函在整个商务活动过程中发挥着桥梁和纽带的作用，贯穿了从确立业务关系、签订合约、执行合约到解决争端的各个环节。一封好的商务信函不仅有助于建立和保持良好的业务关系，更能够通过有效的沟通避免缔约双方产生误解与纠纷。

一、商务英语信函的作用及其重要意义

近年来，经济的迅速发展使中国成为全球商务活动中的一个至关重要的经济体。越来越多的中国企业直接或间接地与国外企业建立联系。有的企业通过信函与国外合作方进行商品买卖贸易，有的则通过信函向其合作伙伴表示问候或维持良好的业务关系。毫无疑问，作为工具与桥梁的商务信函在其中发挥着不可或缺的作用。商业活动是否成功很大程度上取决于缔约各方能否进行有效的沟通。一封好的商务信函应当以简洁的语言传达准确的信息，精确地描述事实，进行有效的沟通并维持良好的业务关系。因此，了解其语言特点并写出一封好的商务英语信函对国际商业活动至关重要。

世界上每天收发的商务信函不计其数，它们已经成为日常商务沟通的"生命线"。然而，只有那些内容合理并且表达准确的才能够算作成功的商务信函。文化背景、语言习惯以及表达方式等因素的不同使商务英语信函有别于中文的商务信函。因此，为了成功地起草一封好的商务信函，我们十分有必要了解并掌握商务英语信函的语言特点。

二、商务英语信函的语言特点

词汇特点。商务信函对准确性有很高的要求，应尽量避免产生误解。因此，一封好的商务信函中的用词应当准确明了，不应选用语义模糊和笼统的词汇。商务英语信函的词汇特点主要包括以下几点：

第一，专业术语。由于商务信函写作的目的是实现特定的商业目标，属于专业信函的范畴，因此要求其用词符合特定商业领域的术语要求。有些常见的单词在商务信函中可能有着不同的含义，例如"draft"一词常用的语义为"草稿、起草"，而在英语商务信函中，该词通常作为对外贸易中的"汇票"出现；"inquiry"一词常用的语义为"询问"，而在国际贸易中，该词的专业用法为"询盘"。此外，商务英语信函中的专业术语还体现在专有名词的缩写上。

第二，古词语。使用古词语是商务英语信函的一大特点。和法律文件一样，商务信函通常使用的也是"庄重文体"，这就意味着商务信函使用的都是十分正式的词语。英语语言历史悠久，在古代，宫廷贵族使用既正式又庄重的英语文体和用词以显示对君主的尊重。由于这类文体能够最大限度减少信息的误解，所以后来常用于签订合约。我们

将同一语义下正式和非正式用词进行了对比（见表1），"Formal"对应的是商务英语信函中常用的词语。

第三，准确的词语和表达式。与其他信函一样，商务英语信函的首要功能是传递信息，但是其对用词的准确性要求更高。首先，商务英语信函涉及大量数字。由于经常涉及货物的买卖，商务信函中通常有大量的数字来描述货物的数量和价钱。

第四，不使用修辞手法。一般来说，商务英语信函几乎不使用修饰性词语来增加文章的可读性。大多数情况下，商务信函的目的是确立业务关系、咨询或回答相关问题，侧重的是内容的准确性和清晰性，因此没有必要使用太多修饰性词语为商务信函添加华丽的辞藻。太多修饰性词语有可能产生歧义误导读者，进而影响他们的决策。

句法特点。词语构成句子，句子组成语篇，我们就是这样实现沟通的。句子是构成语篇的一个基本单位，商务英语信函中句子的写作应遵循特定的规则。

第一，商务英语信函中多使用简单句。所谓简单句，是指只含有一套主谓结构并且句子各成分都是由单词或短语构成的句子。专业的商务信函通常使用句式并不复杂的简单句，以便于读者理解。长而复杂的句子容易造成误解，读者无法一眼就获得他们想要的信息，既浪费时间，又增加了难度，并不符合简单高效的原则。下面的几个简单句经常出现在商务英语信函中，尤其是合约中。

第二，商务英语信函中经常使用祈使句。祈使句是要求对方做或不做某事的句子。这一句式主要有两个功能，一是请求，二是提醒。使用祈使句能够简单明了地表达出作者所要传达的意思，使读者一目了然。下面是几个商务英语信函中常用的祈使句，写信者希望通过祈使句向对方发出请求，要求其提供相关信息或商品。

第三，使用虚拟语气和委婉语气。商务信函中的用语应当尽可能显得礼貌，表示写作者对对方的尊重，给对方留下好的印象，进而建立良好的业务关系。除了行文完整、清晰和准确之外，商务英语信函还应适当使用委婉的语气传达一种轻松且友好的意愿。为了实现这一目标，商务信函的写作者通常会使用虚拟语气和委婉语气。

语篇特点。商务英语信函是来自不同语言文化背景的人进行沟通和建立业务关系的媒介。在特定商业环境下，商务信函有其独特的风格。在语言学中，语篇指构成一个完整整体的任意长度的口头或书面篇章。本节中提到的"语篇"是指整篇商务信函，包括单词和句子。商务英语信函语篇主要具有以下特点：

第一，寒暄。"寒暄是作者在文章开始的礼貌问候，作用和打电话或在社交场合遇到某人时说'您好'相同。由于寒暄能够为商务沟通提供一个友好的开端，因此所有商务信函都在开头处进行寒暄。"寒暄是作者对对方发出的问候，我们从寒暄就能够看出二者之间关系的亲密程度。在一般信函中，作者用对方的姓名或二者之间的关系进行寒暄与问候。例如，在给朋友或某个特定人员的信中，我们通常使用"Dear Anne""Dear Mr.Smiths"这样的名字进行问候。其他情况下，例如在给亲戚朋友的信中，我们则会使用"亲爱的兄弟""亲爱的妈妈"这样表示二者之间关系的词语进行寒暄。这都是一般信函中常见的寒暄方式。然而，商务英语信函中的寒暄与问候有其自身的特点。

随着通信方式的迅速发展，如今人们已经无须跋山涉水到同一地点就能够进行交易。在商务活动中，一方有可能对对方的个人情况并不十分了解，例如对方的年龄与性别。因此，商务英语信函中的寒暄与问候通常是"模糊"的。

商务英语信函常用的寒暄是"Dear Sirs/Madams"（敬启者）。有些情况下，发信人并不清楚对方的姓名或性别，这种问候方式既正式又表现出对对方的尊敬，不会让对方感觉不舒服。如果发信人确切地知道对方的姓名和性别，发信人则会直接使用"Dear Mr/Ms.XXX"称呼对方，这种寒暄方式既正式，又能拉近双方之间的关系。

第二，正文段落清晰，内容简洁。商务英语信函的正文通常分为几段，每段内容清晰明了，使读者能够一目了然了解作者要传达的信息。正文第一段通常是寒暄与问候，以及简要说明本节的主要内容。接下来的段落是整个信函的核心部分，具体描述双方需要沟通的细节。最后一段通常会简单强调一下信函中的重点信息。在商务英语信函中，一般每一段单独表达一个信息，也就是说作者要表达的不同信息都要独立成段，这样能够有效地避免混淆读者。

第三，结束语。在商务英语信函的结束部分，作者通常会明确表示希望对方在收信后做些什么。大多数情况下，如果希望对方回信，发信人通常会在信函结束部分使用"Looking forward to your early reply"或"I hope to hear from you soon"（希望早日收到您的回复）。与其他普通信函一样，商务英语信函的作者也会使用"Best regards""Yours respectfully""Respectfully yours"等委婉的祝福语来表达对对方的尊敬与美好祝愿。

作为商务沟通的主要媒介，商务英语信函对整个商业活动的成败起着至关重要的作用。掌握商务英语信函的行文风格并了解其语言特点是起草一篇好的商务英语信函的基础。希望本节能够为商务英语信函起草者提供思路与借鉴，帮助他们起草出简洁高效的信函，进而为商业活动提供便利。

第五节　商务英语缩略语特点

在商务往来中，为了顺应"语言的经济原则"（A.Martinet），提高表达效率，人们常常将一些字符较长、结构较复杂的常用词语进行缩减，形成"商务缩略语"。缩略语在商务交往中有表达礼貌，提供恰到好处的信息等语用功能。与此同时，商务英语缩略语种类繁多，构成多样，本节基于词汇化理论，从认知角度对商务英语缩略语的结构特点及应用进行了探讨并进行了总结。

英语不仅仅是各国人民交流的媒介，也是国际金融业务的工具。商务英语缩略语指的是按照不同的构词方法，将较为烦琐的名称或定义从结构上进行简化、重组后的一种语言表达模式。本节采用的词汇化理论本质的考察应立足于语言的演变，结合共识和历时语言事实，兼顾过程与结果，充分考虑各类形式 - 意义组合方式。基于此，本节围绕商务往来中的英语缩略与成因、特点和结构，对其进行探究和论述。

一、起源

与其他任何一种语言一样，缩略语的出现都是为了将复杂的内容简单化。在古代，商务英语中的缩略语多出现在徽章或钱币上，因为这些载体太过细小，如要用其表达较为复杂的商务交际内容，则只能采取在载体上刻写缩略词的方式。现今时代国际商贸竞争激烈，伴随着科技的发展，电报和电子邮件等通信设施的出现，国际贸易也得以飞速发展。商务缩略语也越来越频繁地出现在人们眼前，常见的如 WTO（世界贸易组织）、CEO（首席执行官）、CV（简历）等。

商务缩略语在外贸电函等交流往来中扮演了十分重要的角色，远隔重洋的交易双方在电话沟通、电函往来中，均需要用简明扼要的方式清晰表达思路、达成共识，在国际交流中节约时间、节约费用获得共赢。语言学家提出的"语言的经济性"准则也正是此意。商务语境中被创造出来的缩略语种类繁多，且具有多种简化方式，如：Kg.（kilogram）千克；A/B（Air Bill）空运提单；BPC（Book Prices Current）现行账面价值；NT WK（Network）网络；ASAP（As soon as possible）尽快；WKS（weeks）周，星期。

不难看出，商务英语缩略词多为新词，出现的时间并不长，是时代发展、各种潮流聚集的产物。

二、缩略词的构成及特点

商务英语缩略语的构词法多且结构情况比较复杂，概括起来主要分为以下几类。

使用单词或词组中词语（实词为主）的首写字母组合成缩略语。这是最为常见的一种缩写方法，这种写法多用大写字母，一些组织、单位名称、说明书或电函涉及的交易专有术语常用此缩略语，直接按字母发音读出即可。例如：ADB（Asian Development Bank）亚洲开发银行；WTO（World Trade Organization）世界贸易组织；NIC（National Information Centre）国家信息中心；IMF（International Monetary Fund）国际货币基金组织；EMP（European Main Port）欧洲主要港口；BE，B.E.（Bill of Exchange）汇票、交换券、国外汇票；FOA（Free on Aircraft）飞机上交货价。

利用近音或同音字母构成缩略。这种缩略法按照拼音或者字母读音进行缩略，常常用于单音词或一些双音节词转为同音字母时的缩略。常见的如：BIZ（business）商业，业务，生意；OZ（ounce）盎司；Hz（Hertz）赫兹。

围绕辅音为中心进行缩略（若相同的辅音字母并列，则只用一个）。以辅音为核心的缩略有很多种，比如用所有辅音字母构成缩写词、用词首元音字母与后方辅音相结合、不同音节和不同音节的辅音字母相结合、首尾辅音结合缩略等。此缩略法没有硬性大小写要求，也可根据发音拼写，如：RCVD（received）收到；INFM（inform）通知，向…报告；ACDNT（accident）事故，意外事故；PCS（pieces）匹、件、块、片、张、部分；PREM（premium）保险费；LDG（Loading）装卸货；LC（Letter of credit）信用证；MANUF（manufacture）制造；SHIPMT（shipment）装运，装船；BK（bank）银行；FM（firm）商行，公司；CONSGNT（consignment）发货。

利用单词或短语的第一音节和第二音节构成缩略词。这种组成缩略词的方式平时运用不多。如：CONDI（condition）条款，条件；EMO（memorandum）备忘录等。

截取原有词语的一部分作为缩略语。该方式可以分为以下几种情况。

截取单词前半部分进行缩略：hon（honour）承付；gas（gasoline）汽油；Fin.stadg.（financial standing）资信状况；Fin, stat.（financial statement 财务报表；H.in.D.C.（Holder in due course）正当持票人

截去自然词的首部或是尾部进行缩略：imp（import）进口

截去自然词的中间部分，只留下两头：wt（weight）重量

只留第一个词首部和第二个词尾部：Escalator（Escalading elevator）自动扶梯商标

前后几个单词中各取不止一个字母。这类缩略词看上去毫无规律可循，相对来说格

式较为不整齐，如：Chpd(Charges paid)费用已付。

实虚词与"/"相结合。该方法采用将复合词中的实词词首结合，虚词用"/"替代，如：L/M(list of material)材料清单；A/P(advise and pay)付款通知。

符号。用符号表示的缩略形式也被频繁使用，主要是表示货币。如：S.＄(Singapore Dollar)新加坡元；IR ￡(Ireland Pound 爱尔兰镑)。

商务英语缩略语与普通英语缩略语的构成规律相似，从保留的可行性程度而言，大多数情况下，其结构都属于首字母缩略语（Acronym）和缩写（Initialism）、截短词（clipping）、拼缀词（Blending）四大缩略范畴（林瑞杨，2007）。此外，还有些缩略形式，比如国家货币等会以符号形式表示。在英语中，还有许多缩略词是借用的外来语，其中多数来自德语、拉丁语、西班牙语等。商务英语词组和短语缩略语的结构是以各词的首字母为主，辅之以尾字母和中间字母，不过也有例外，如 Re.(with reference to 关于，事由)是以中间单词的前两个字母组成的缩略语。还有一些谐音缩略语，如用 X 和 Z 代替一些字母组合：XPRS(express)快递；XCL(excess current liabilities)短期债务逾额；XB(extra-budgetary)预算外；ZD(zero defect 无缺陷)。

另外，商务缩略语中"同词异简"和"同简异词"的情况较普遍。如：(Enc.encl.) enclosure 附件；N.P.(Net profit 净利润、No protest 免作拒付证书、notary public 公证，公证人、Notes payable 应付票据）。总的来看，以相应的词组和短语的第一个字母进行缩略还是占主导地位的。

不难看出，商务英语缩略种类较为复杂。用于金融行业电传、电报中的一些英文词语缩写没有固定规则，切忌胡编乱造。尤其在商务电函中，缩略词的使用会影响到买卖双方的利益，使用起来较为复杂，所以也更为规范严谨。

三、商务英语缩略语的应用

在运用过程中，语言在一定程度上会受到应用环境的制约，这种制约的力量非常强大，且具有普遍性。一切语言间的交流运用都被限制在特定语境之内，语言的意义、语言的用法和色彩全部由它掌控。商务英语缩略语也不例外，它是其中的一种语言现象，人们在商务环境中洽谈或进行商务往来时，常需要接触到它们。在使用过程中不难发现，商务英语缩略语对于语境的依赖程度要高于其他类别的语言。

英语中词语的一词多义现象很常见，由于受到商务语境条件的限制，很多词语的词义会产生意想不到的变化，如：在普通社交语境中 quotation 有"引言""语录"之意。而在商务电函中则有"报价单""行情"等含义，且经常用其缩略形式 QUTN。如：a

QUTN(quotation)of price(报价单)。

普通语境中 balance 有"平衡""均衡的"之意，在商务语境中则为"余额"，如：We need to check the balance of the company.(我们需要看一下公司的结余。)

普通语境中 commission 有"委任""委员会"之意，但在商务环境下它被译为"佣金"，也可用写为缩略形式"COM"，如：go beyond one's commission(越权)；the Military commission(军事委员会)；a 5%COM(百分之五的佣金)。

普通语境中 credit 意为"信用""信誉"，如：credit card(信用卡)。在商语境中 credit 则被译为"贷款"，如：get credit(取得信贷)。

在普通语境中，instrument 意为"仪器""乐器"，如：metal instrument(金属器械)。而在商务语境中它则变成了"票据""支付工具"。而且可以缩写为 INSTR，如：a negotiable instr(instrument) 可转让票据，流通票据；Instr(Instrument)of payment 支付工具。

商务英语缩略语言简意赅，使用简便，寥寥几个字母就能表达复杂的含义，且在一定程度上显示了专业性，所以能被广泛应用于国际金融贸易等合作领域。同时，各种缩略语交织在普通句型中使用，拥有同等级句法功能。在商务电函中缩略语的使用几乎无处不在，可以用作不同成分并且还有简单的时态区分，如：

C.I.F.is the basis we are to offer. 到岸价是我们的报价基础。(C.I.F. 在句中做主语)

All the prices in the list are on F.O.B.. 表中的价格都是离岸价。(F.O.B. 为介词宾语)

L/C OPND LST MON. 信用证已于上周星期一开出。(OPND=Opened 做谓语)

本节借助词汇化理论，对商务英语缩略语进行了八类结构上的总结，并对其在不同环境下的应用进行了举例分析。虽然作为同一种语言，各类英语缩略语的形成规律一定有其同一性，但相对于其他领域的缩略语结构，这些结构的差异性更突出地体现在金融英语缩略语中。不过需要注意的是，在给官方或交易对象发送商务信函一类消息时，还是要避免使用一些非正式的缩略语，以免给对方留下过于随意、不重视合作的印象。

总而言之，在商务英语中，缩略语的使用具有一定程度的特殊性和规范性，恰当使用，可避免语言的重复，并且能很好地诠释语言。

第六节　国际商务中合同英语的特点

商务合同英语是专用英语的分支，其语言、语境和语篇的特殊性决定了它不同于普通英语。深入研究国际商务中合同英语的语言、语境和语篇特点的特殊性，可帮助从事国际商务中合同英语译者准确把握、理解国际商务中合同英语的整体信息，从而遵循相关翻译原则，运用合适的翻译策略，在跨文化商务活动中获得事半功倍的翻译效果。

英语商务合同是特殊的应用文体，也属于一种法律性公文，它既要符合法律性公文特点，又要具备逻辑严密、结构严谨等特点。英语商务合同不同于其他商务合同，它需用特殊语体的英语来书写。国际商务中合同英语具备较特殊的交际目的，因而形成了特殊的语体特点。本节主要从国际商务中合同英语的语言、语篇和语境几方面初步分析了国际商务中合同英语的特点。

一、概述国际商务合同英语

国际商务合同通常是由贸易双方在自愿、平等基础上，协议后进行的一种民事法律行为，受到国家管辖和法律保护。我国企业在对外贸易中常遇到劳务、技术、租赁、信贷、商品买卖和代理合同等多种商务合同。

商务合同英语是现代经济合作、文化交流的重要工具，是在国际营销、贸易等活动中给国际贸易提供英语书面记录、依据的一种特殊文体。相较于普通英语，国际商务中合同英语对语言的要求更加严格，需经当事人双方签订协议方具备法律约束力，在一方不同意时随意变更合同内容属违约。国际商务合同中的英语在语言、语篇和语境等方面具有独特的特点，这也会涉及各种业务范畴。

二、国际商务中合同英语的语言特点

（一）词汇特点

当前，"世界经济一体化"深入发展，英语已在世界范围内被广泛运用。另外，英语在市场和人们的日常生活中也起到了重要作用。国际业务所涉及对象常来自不同经济组织或者国家，因而，国际商务合同常用英语写作。国际商务合同主要是讨论标准化利益分配当事人的相关义务、权利的一种合同，因而其语言内容需严谨有效。国际商务合同内所用英语词汇非常专业，例如舶来词、同义词和官方术语，起草该合同时，应明确指定这些词，以此确保此份合同的严谨性。

国际商务合同中普遍运用专业术语，例如：追索权（right of recourse），本票（promissory note），不可抗力（force majeure），索赔（claim），保险费（premium），贴现率、贴现（discount）等，这些专业术语产生在长期贸易协定过程中。另外，相关法律词汇也经常出现在国际商务合同内，例如：解除（lift），起诉（lawsuit），善意持票人（bona fde holder），如果买方不遵守该条款，卖方可以终止合同，直到买方重新开始履行该条款（If buyer fails to comply with the conditions of this article, Seller may suspend all performance until Buyer has so complied）。

缩略语也是国际商务合同内不可或缺的重要部分，缩略词属于派生词，其目的在于缩略、简化词语。通过分析研究标准的国际商务合同发现，可将国际商务合同内的缩略语粗略地分为三类：斜线、直接缩略和逗号隔开，其中最常见的缩略语为直接缩略语。多个词语的首字母组合在一起，常能构成一个缩略词，例如：WTO 是 World Trade Organization（世界贸易组织）的缩写，D/A 是 Document against Acceptance（承兑交单）的缩写，VAT 为 Value Added Tax（增值税）缩写。比较常见的缩略词还包括 POD、UN、APEC、CPT、DAF、OB、CFR、DEQ、FAS 等。

（二）语法特点

日常生活中的写作系统和写作内容，与国际商务合同的相关内容大相径庭。所以，相较于日常生活涉及的写作内容，商务合同的相关语法表达更具特殊性。第一，分析句子结构，商务合同常用到完整句和祈使句；第二，分析词性选择，名词和动词常为不二选择。

因为国际商务合同具备严肃性和严密性等特点，在制备合同时应选择具备明确表达式和丰富内容的名词。名词短语能显著缩短句子的长度，同时还能提升合同的有效性。由于动词数量较多，因而在拟定商务合同时，拟定起草者应将遇到的动词进行名词化处理。这种动词和名词间的处理技巧可体现英语的文本用词特点，同时也符合合同的严谨性特点。如：在拟定商务合同时，会优先运用 delivery of the goods（输送货物），而不是运用 deliver the goods，前者属于名词性短语，后者属于动词性短语。使用名词性短语时，拟定合同者不必考虑词语的情感和时态，同时也增加了语句的正式程度；另外，当选择动词时，为更好地体现商务合同所特有的正式性，人们通常倾向于选择复杂动词，如：拟定合同中的"支付"一词，合同拟定者会用 make payment 替代 pay。

（三）国际商务中合同英语的语篇特点

1. 礼貌性程度较高

国际商务合同中英语语篇的最显著特征为大量使用礼貌用语，这在一定程度上体现出商务人士特有的语言技巧和交际技巧，这在用于交流和沟通的电子邮件和商务信函中表现得尤为突出。专业人士认为"彬彬有礼的一封书信可帮助信件书写者树立一种热情、正直，且拥有良好职业道德和文化修养的形象，使得收信者愿意同写信者合作"。国际商务信函通常采用以下几种方式来获得委婉、礼貌和客气的效果：第一，少使用命令类语气，多使用请求类语气，把祈使句变成用 would 和 will 引导下的一般疑问句式，例如：您能告诉我们更为详细的信息吗（Would you tell us more detailed information?）？第二，避免着重强调写信者的个人观点，多运用缓和的语气表达，例如：我们恐怕无法一次性交付全部货物，我想你们应该已经收到我们的提议了（We are afraid we can not deliver the goods all at one time.It seems to us that you ought to have accepted the offer.）。

2.具备明显的程式化色彩

国际商务合同中的英语是一种具备专门用途的英语，具有较强的功能性和目的性。程式化语言和语篇模式的运用具有如下作用：首先，对处在具备跨文化特点、跨语言特点的商务领域人群的语言和行为进行统一规范，以便于他们更好地开展商务合作与交流；其次，借助语篇本身的礼貌和简洁等特点来展现国际商务往来双方的诚意，既节约交往时间，又提升活动效率。

因而，程式化的语篇模式已被广泛运用到各种国际商务场合中，例如商务合同、商务函电等。为满足国际商务范畴所需的日常交流、沟通，人们已普遍使用商务信函；商务信函有统一规范的格式，其篇章结构完整、语言正式、程式化色彩较强。正式商务信函常包括信头、封内地址、称呼、封内日期等多项内容。

3.语篇建构具备较强的目的性

国际商务英语属于使用较强的一门英语，产生于国际贸易交流、往来过程中，因而应建构具备较强目的性的国际商务中合同英语语篇，从而为国际商务交往提供更好的服务。贸易双方运用商务邮件或者商务信函是为达成某一目的，这可体现在语篇的建构上面。建构国际商务合同中英语信函的方法被归纳为陈列式和劝说式两种：陈列式信函通过条款或者图标形式将相关重要数据陈列出来，具备清晰可见、一目了然等优点；劝说式信函的行文为"无标记信息结构模式"，以增强劝说辞的说服力。不论采用哪种方式，当事人都力图向对方呈现完整准确的信函信息和内容，以提高国际贸易双方往来的效率。

（四）国际商务中合同英语的语境特点

在国际商务活动中，语境是影响商务合同有效性的一项重要因素，它不仅涉及国际商务合同的实际风格，还承接着语言特点和语境因素间的联系。

1.国际商务交际的媒介

语言在国际商务交际中起到"媒介"作用，依据语言媒介差异，可将国际商务中合同的文体分为书面文体和话语文体两种。国际商务合同已涉及社会生活的各方面，成为各方经济的重要构成部分。国际商务合同不应只注重语言美观，而还应强调其内在理论准确、逻辑清晰；此外，可借助书面文体来表达合同本身蕴含的交际含义功能。

2.国际商务合同的重要题材

商务合同的题材涉及社会生活的各个方面：劳务出口合同、企业合同、销售合同、出口合同等。在合同语言里，外来词、指示词、科技词、古词、正规词、陈述词、长句、主动语态、一般现在时等均是商务合同的特点。

  国际商务中合同英语的基础为普通英语，它形成和被使用于国际营销和贸易等商务活动中，其商务专业特性鲜明，主要涉及文化背景、商务知识、英语语言知识等诸多领域和因素，属于特殊语言问题。国际商务中合同英语是现代经济合作、文化交流的重要工具，翻译标准也会依据语言的发展而加以创新、变化。在日常工作、学习中，翻译者既要了解"英汉"这两种语言的异同点，掌握"英汉"两种语言产生的不同文化背景，还要具备相关法律、商务等专业知识，明确国际商务合同所需的语言特点，通过查询工具书了解各项专业词汇在不同语境、不同领域中的特殊含义；严格遵循"规范得体，准确严谨"这一翻译原则，借助适当的中英翻译策略，极力避免胡乱翻译、错译、曲译和误译等现象出现，准确翻译国际商务中合同英语，从而促进国际贸易的良好发展及跨文化的顺利交流。

第三章 商务英语教学的理论研究

第一节 商务英语教学的历史、发展与现状

深入探究商务英语的内涵有利于增强对商务英语的认知,在现实应用中,商务英语存在两个层面的意义:一是专业教学领域的独立学科,二是商务交际活动中所使用的英语。近几年,商务英语得到了广泛的发展,这主要是由于商务英语属于新兴发展学科,顺应了历史发展的规律,承载着广阔的发展前景,作为新兴事物的商务英语是社会发展的必然,更是语言学深入演化的趋势。尤其是在知识经济和全球化发展的今天,具有强大生命力的商务英语广泛应用于商务活动和对外贸易过程中,在全球化市场开拓过程中起到了突出的语言沟通作用,其应用性和普及性已遍布全球。

随着商务英语的快速发展,20世纪90年代以来,关于商务英语的教育教学活动普遍展开。我国一些大专职业院校和对外贸易财经院校等广泛开展商务英语教育教学课程设计,然而根据笔者调查发现,当前我国商务英语教学理论远远落后于实践的发展,商务英语的运用与新世纪的社会经济发展步伐相互脱离,尤其是国内的商务英语教学水平远远低于国外发展水平。深入分析商务英语理论落后于实践应用的根本原因,研究发现这主要是由于公众对商务英语的起源不了解,对商务英语的看法存在误区,导致人们接受度和认知度出现偏差,这极大限制了商务英语在新时代背景下的进一步发展。从历史发展的视角,探索一种语言产生的根本原因及其发展规律,有利于为新兴事物的发展提供历史根基。本节对我国商务英语的历史起源与发展趋势进行深入剖析,有利于深化公众对商务英语的了解,并指导我国院校的商务英语教育教学活动,推动商务英语的广泛普及和应用。

一、商务英语教学的历史

一般理论认为我国商务英语起源时间较短,仅仅有几十年的时间,这主要是从商务英语教学的视角进行的划分,实际上我国商务英语起源更早,从跨文化商务交际的视角

来看,我国商务英语可以追溯到明清时期。

1840年之前的商务英语起源时期。从汉代丝绸之路伊始,我国与中亚、东亚、欧洲的对外的商贸交流越来越频繁,尤其是经历盛唐之后航海事业的发展,进一步扩大了海外航运贸易的发展范围。明清时期,在西方国家海上事业发展的影响下,国际贸易发展迅速,通商活动十分频繁,在与西方国家的商务交往过程中,英语作为交际的语言形式,正式发挥了"商务英语"的功能。17世纪后,英国在经历资产阶级革命以后,开始不断对外扩张和掠夺。在一系列的商业贸易活动过程中,为了加强双方的语言沟通和交流,英国的英语随之进行了普及和扩散,就形成了当时的商务英语(business English),此时商务英语的特点是以当地母语为根本,并掺杂着许多英语词汇,这种语言在当时也被称为"洋径浜英语"(pidgin English)。根据有关记载,我国一些商人与国外进行交往的过程中使用的便是"洋径浜英语",例如中国旧上海央行的很多员工就会用"洋径浜英语"与外国商人进行简单交流,"洋径浜英语"反映了我国商务英语的历史发展起源。17世纪初期,英国东印度公司成立之后便逐步开始与中国进行进出口贸易;17世纪中期,英国与中国、印度建立"三角贸易航线"开展茶叶和丝绸对外贸易;进入18世纪以后,中国与英国的鸦片贸易开始兴起,但是由于当时中国禁止英国船只对内运输鸦片,英国东印度公司便开始在孟加拉生产鸦片,然后在加尔各答出售,随后转运往中国,在这一系列的鸦片贸易过程中,使用的交际语言便是"商务英语"。18世纪之后,中国的广州成为世界贸易重镇,广州黄埔古港成为对外贸易交流的重要港口,随着商贸活动的频繁,作为商贸交流的重要语言形式——英语成为不可缺少的沟通工具。

可见,1840年之前的商务英语并没有成为语言的主流,但是或多或少成为最初对外贸易交流的重要工具,发挥着不可或缺的作用。17到18世纪是我国商务英语的起源时代。

1840—1949年商务英语的近代流行时期。1840年开始,现代商务英语的功能进一步强化,此时的商务英语主要应用于商品买卖领域,尤其是鸦片战争之后,在入侵式的黑色贸易活动中,商务英语作为交际语言工具,在近代历史中的地位凸显。

鸦片战争以后,在列强的入侵下,中国与西方列强签订了一系列的不平等条约或协定,例如1843年西方列强取得协定关税特权,1845年取得中国海关行政管理权等。随着列强入侵的加深,外国银行数量激增,从1882年440家达到了1913年的4805家;商务贸易活动的范围也不断扩大,开始逐步渗透到航海运输、金融、保险等领域;中国的通商口岸也被列强控制,并在列强的强占下拥有了新的功能含义。在这一系列的不平等条约或协定签订过程中,均是使用英语作为商务交际语言,尤其是随着上海、天津、武汉等通商口岸数量的不断增加,该区域也逐步使用商务语言进行沟通,这正是现代意义上的"商务英语"。随着通商口岸数量的增加及不断发展,西方列强开始要求设立海关进行商务贸易,海关所使用的语言正是商务英语。在国际交流过程中,海关无疑是重要的环节,海关商务英语的运用无疑扩大了近代商务英语的应用范围。

另一方面,为了加强中国与西方列强对外商务活动的便利性,一些进步的人士掀起了著名的"洋务运动"。"洋务运动"其中一个重要的方面则是培育大量的英语人才,以便在条约签订和商务贸易谈判过程中与列强进行沟通交流。19世纪50年代以后,在"洋务运动"的推动下,洋务学堂与洋务企业开始逐步兴办,洋务学堂内开始设立英语课程,而年级制和班级制开始取代传统的个别教学形式,实现了商务英语教学的近代转型。1873年,中国近代第一家大型航运企业——轮船招商局正式设立。轮船招商局的设立进一步扩大了与西方列强的通商活动,也将我国商务英语推向了一个全新的阶段。在洋务运动的推广下,近代的翻译学也得到进一步发展,这一定程度上折射出我国商务英语的历史发展轨迹。洋务运动时期的翻译不仅仅涉及商务领域,而且还涉及政治、军事、文学、科技、宗教等多个领域,一些有名的留学生承担着翻译和教学的重任,并在重要的行政商务岗位、洋企业内部岗位等从事商务事宜。

辛亥革命以后,在战事的影响下,中国与国外的商贸活动时有时无,直到1949年中华人民共和国成立,这期间中国的一些大型城市,如上海、天津等依然持续与西洋、东洋、南洋等商人进行交易,在交易过程中他们使用的语言也是英语。

1949年之后的商务英语当代时期。新中国成立以后,商务英语成为国际贸易的主要交流工具。在学校教育领域,商务贸易教学开始兴起。1950年初,我国成立了第一所贸易专业的高等院校——北京对外贸易学院。《外贸函电》成为各公司和院校培育贸易人才的重要课程,直到今天《外贸函电》作为对外贸易的主要教材还在不断地改编和完善,为我国当前国际贸易人才的培养起到了极大作用。

1978年以后,我国的对外贸易体制开始转型,为适应新形势下对外贸易的发展,过去的"贸易英语"也逐步被现代的"商务英语"所代替,除了原有的国际贸易英语进出口业务、函电英语等课程外,还出现了一些新兴的课程内容,例如:国际营销英语、国际经济英语、国际金融英语等。随着外资企业数量的不断增加,外资企业对高素质商务英语人才的需求也不断增加,复合型商务贸易人才培养成为现代商务贸易学科领域的重要目标,商务英语相关学科开始在大专职业院校和贸易财经院校设立。

二、商务英语教学的发展

中国加入WTO以后,对外贸易步伐进一步加快,根据当前对外贸易形势预测可见,未来的国际贸易活动将呈现出国际多层面、多目标、多方面的交流特征。在不同政治经济文化背景的交融下,各国越来越认识到国际的贸易合作不是简单的征服,而是深层次的互利互惠和共同发展。在这一系列的信息沟通过程中,英语作为主要的语言交流形式和信息传递工具,将发挥着越来越重要的作用,而商务英语作为国际交流和沟通的"通用语",无疑具有广阔的发展前景。尤其是在现代网络贸易盛行的今天,以商务英语为表现形式的贸易资源将在整个全球网络贸易资源中占据着绝大部分。作为新兴事物的商务英语未来将具有强大的生命力,这是未来商务英语发展的重要趋势。

然而,任何一种新兴事物在发展过程中必然面临着多方面的矛盾。看到商务英语广阔发展前景和强大发展生命力的同时,商务英语也必须实现由量变向质变的积累和转变。随着国际化进程的加快以及科技的快速发展,全球经济将面临更多的问题,国际贸易活动更加复杂化,多边谈判将会成为主流,因此,国际商务贸易活动将会越来越频繁,商务英语的应用将会越来越普遍,而在发展过程中,高素质商务英语能力人才的需求将会越来越多,高水平的商务英语人才不足也成为制约我国对外贸易发展的重要因素,可见,全球化发展背景对商务英语发展既带来了机遇,也带来了挑战。

当前,我国商务英语课程体系还不完善,传统教学方式限制了学生能力的提升,商务英语课程设置还不健全等问题突出。未来在商务英语学科的强烈需求下,战略性、技术性的商务人才培育将成为主要目标,改革现有商务英语课程体系,改进教学手段和方法,加强培养目的及课程设置的合理性是形势所需。尽管商务英语发展困难重重,但是作为具有浓厚历史文化的商务英语最终会发展成为一门规范的独立学科,在全球商务贸易中发挥重要作用。

三、商务英语教学的现状

当前我国高校总数达到400多所,开设商务英语专业课程涉及不同类型的高校,其中包括外语类、农林类、理工类等,在课程配置和教学模式方面也做出了改变,并取得良好的成果,为社会培养出一批优秀的商务英语复合型人才。但是从各大高校商务英语的教学现状来看,其中还存在一些问题,比如,教学模式太过传统、师资力量有待加强等,下面就对这些问题深入分析。

(一)课程设置和教学教材落后

对于当前的形势来讲,社会对商务英语人才的要求逐渐增大,商务英语教学无疑是人才培养的重要影响因素。大多数高校在商务英语的教学还停留在传统的模式上,虽然增加了有关经济、管理以及外贸等课程设置,但是英语课程和商务课程的结合存在着分离的现象。而且我国商务英语教学中教材落后也是影响教学质量的问题之一。近两年来，高校有关商务英语教材种类与以往相比更加多样化，数量也不断增多，但是质量方面还存在着不足，无法使商务与英语良好的结合，英语知识存在陈旧的现象，英语练习也过于单调，商务英语的内容涉及缺少商务背景、商务谈判等知识。尤其是教材内容跟不上时代的变化，不符合当前商务的发展状况，导致商务英语内容的落后，无法满足新时期的发展需求。

（二）师资力量有待加强

由于我国商务英语发展相对较晚，各大高校的商务英语教师缺乏较高的综合素质。有的高校的商务英语教师并不专业，是由以往的英语教师转变而成的。这些教师对于商务英语方面的知识不够专业，有的教师缺乏商务知识，有的教师无法将商务与英语知识良好地结合起来，从而影响教学的质量。而且高校在招聘教师过程中，都是招收刚刚毕业的大学生，虽然具备商务英语方面的知识，但是对于商务谈判、商务沟通等知识还缺乏专业性。这就导致在教学中无法良好地教导学生，从而无法提高商务英语的教学效果。

（三）教学方法和模式存在不足

从各大高校商务英语教学现状来看，我国很多高校在商务英语教学中还存在着传统的教学方式，这种教学方式过于陈旧，毫无创新，缺乏说服力。比如，很多高校在商务英语的课程上，教师采用的填鸭式的教学方式，无法调动学生的积极性，大多数学生认为这种教学模式枯燥无味，极大地影响了教学的质量。还有的学生和教师，忽视了商务英语的实践性，将商务英语看作一门知识传授，没有认识到商务英语的重要性。

（四）学生缺乏实践机会

由于商务英语是一门综合性较强的学科，需要专业人才在从事商务环境工作中应用英语，然而由于有的教师没有认识到商务英语的重要性，在教学过程中只是将其作为一门普通的课程进行讲解，忽视了商务英语的实践意义。有的高校虽然意识到商务英语的实践性，但是在教学中，却没有采取良好的方式展开教学，只是在课堂中进行商务环境的模拟，没有为学生提供真正的实践机会，从而无法提升学生的实践应用能力。同时，学校没有对相关的外贸企业展开合作，无法为学生提供商务英语的实践机会。

第二节 商务英语教学法及其比较

商务英语是商务英语专业当中最为重要的教学课程，而且现如今有很多的商务英语教学方法，如案例教学法、交际教学法和任务教学法等，其实每一类型的教学方法都有自己的好处，但是需要教师能够依照教学的对象、目的以及任务选择出适合教学对象的教学方法，以此来提高商务英语教学的教学质量。

一、商务英语的教学内容和特点

所谓的商务英语专业就是指培养出在各种国际商务活动当中能够运用英语进行相互交流的实用型交际人才，但是由于商务英语这个专业是属于与人相互交流的形式，所以在教学过程当中需要教师高度重视实践教学环节。

（一）商务英语的教学对象以及教学目标

大多数进行商务英语培训教学的对象都是高职或者是中职院校的经济管理学科的学生，因为相对于普通的高等学校的学生，这些学生在素质以及英语的掌握水平上还存在着一定差距，由于他们的英语基础知识较差、英语词汇有限，所以时常会出现一些关于低级语法的错误，甚至是有的学生连最基本、最简单的日常用语都不能够完整地说出来，相对于英语知识基础较差的学生来说，在英语教学过程当中是存在着一定难度的。但是相对于大学当中的英语或者是公众英语，其实商务英语在学习的过程当中是过多重视在实践过程当中的应用效果，并不是需要大学当中的英语或者是公众英语当中具有严谨的语法结构，那么根据这一特点，相对于英语基础知识较差的学生来说，在这个学习过程当中的难度就能够减小，而且商务英语专业又是作为交叉性专业，主要就是为了培养出复合型的人才，学生不仅需要完全掌握英语知识和实践应用能力，还需要掌握关于商务知识和技能，所以在对学生进行商务英语教学的时候需要英语教师高度强调两点：第一，语言层面，需要精通商务英语；第二，能力层面，能够在商务活动当中运用英语进行相互交流和沟通，具有一定的交际能力。其中所提及的商务活动大部分是指广告、公司会议、求职面试以及商务出版、商务谈判等。

（二）商务英语的教学主要目的和任务

其实学习商务英语主要运用范围就是在商务活动当中，如电话、会议、谈判以及报告等；学生进行学习商务英语的主要目的就是有效地提升自身的英语口语水平，能够在商务活动当中适应英语交际能力。相对于其他专业的英语基础，最大的不同之处就是商务英语不需要过多地重视语句、生词以及语法的讲解等，更多重视的是在应用英语的技能，让学生能够完全掌握在商务活动当中所需要的专业英语词汇，而且商务英语具有一定的实用性。

二、商务英语教学方法的比较

（一）商务英语教学方法：案例教学法

商务英语教学方法案例教学法就是指在理论的形式下，在根据实际教学思想进行产生的教学方法，而且现如今的案例教学法大多数都是运用在医学、法律、商务以及管理等方面，但是在当前的商务英语教学当中也逐渐地出现了案例教学方法，主要作用就是当学生完全掌握英语基础知识和基本理论的时候，教师运用案例的形式来引导学生，让学生能够把已经学习到的知识带入案例当中，并针对案例当中的问题进行思考分析，最终找出解决的办法。其实案例教学法的主要特点就是能够让学生积极地参与到活动当中，相对于传统的教学形式具有一定的趣味性，在案例的教学当中主要是让学生能够根据理论去推理问题、解决问题，假设教师在选择案例的时候，案例内容并不是来自真实生活和实际工作当中，那么所提出案例的教学效果更好，让学生通过模拟的形式了解英语知识，当学生遇到相似问题的时候就能够运用已经学习到的知识解决问题。案例教学法有优势就有劣势，劣势就是需要依靠大量的案例材料才能够选择出适合学生的案例进行学习，但是目前我国的商务英语教材当中大部分的案例都缺乏代表性和真实性，而且教材当中大部分的案例都是人为设计出来的情景。随着现如今商务活动的不断发展，在教材当中的案例也需要不断创新，这对教材的编写人员提出了更高要求。

（二）商务英语教学方法：交际教学法

商务英语教学方法交际教学方法最早出现于20世纪70年代后，而且现如今也成为商务英语教学的主要方法，交际的教学方法主要目的就是培养学生的语言交际能力，能够让学生拥有较强的语言交流和社会交往能力，让更多的学生在商务英语教学当中得到应用，但是当教师在对学生进行实际教学的时候，需要对教师有着高要求，教师不仅要具备完善的英语知识结构，还需要教师具有丰富的交际经验，能够在人际交往的过程当中具有强大的社会能力，在个人的性格上要开朗、外向。但是根据当前的商务英语教师，都没有更好的商务活动经验，所以在商务英语教学过程当中教师采取交际教学方法，最终的教学效果不一定能够达到预期的效果[1]。

---

1 余富林.商务英语翻译[M].北京：中国商务出版社，2003.

(三)商务英语教学方法：任务教学法

商务英语教学方法任务教学方法就是主要根据以人为本、以学生为本，重视培养学生的应用和创新能力，促进学生对学习产生积极的学习态度，采取任务教学方法的时候能够以学生互动的形式完成教学，要让每一名学生都能够运用各种语言或者非语言形式进行学习。其中任务教学方法主要划分成为三个步骤：第一，教师把任务带到学生思想当中，要给学生讲解需要完成任务的知识点，并讲解任务的要求和实施任务的方式；第二，能让学生以个人或者是双人、组队的形式完成教师所布置的任务，最后由小组之间的成员进行汇报完成任务的情况；第三，完成教师所布置任务的时候，进行相互讨论和总结自己在完成过程当中的心理感受。其实任务教学方法的主要优势就是能够把书本当中的内容换一种形式展现在学生面前，让学生能够根据自己的了解，进行相互交流、协作。而教师在给学生设计任务的时候，需要教师所设计出来的学习任务带有意义性、可操作性、真实性以及拓展性等特点，要让学生能够完成，不能让学生感受到困难就退缩，缺乏一定的信心，最后教师可以根据任务教学的形式拉近学生之间的关系，对教师和学生之间的配合提出更高的要求，让教师能够根据学生学习的不同情况设计不同阶段的任务目标，让学生完全掌握商务英语知识。

综上所述，当教师在对学生进行商务英语教学的时候，需要教师根据学生的学习特点找出适合学生的学习方法，由于商务英语的特殊性质，所以就需要教师能够把语言和实践进行相结合，不断地培养学生的人际交往能力，还需要教师根据商务英语教学的特点创新教学方法，进一步促进商务英语的发展。

第三节 "行动研究"与商务英语教学

据悉，截至 2015 年底，我国开设商务英语本科专业的高校有 293 所，估计到 2016 年底完全可能会突破 300 所。可以预计，未来除研究型大学外，普通高校外语院系大都会开设商务英语本科专业，因为市场更需要有扎实的英语功底，又非常熟悉国际商务知识的复合型应用性商务英语专门人才。然而，商务英语发展速度令人喜忧各半。喜的是商务英语本科专业发展前景看好；忧的是发展过快难以把控商务英语人才培养质量。

随着《高校商务英语本科专业教学质量国家标准》(以下简称为《国标》)的出台，商务英语本科教学质量列入了教育部英语分教指委的议事日程中。《国标》旨在统一我国商务英语本科专业教学思想，提高全国的商务英语办学质量。本节指导教授翁凤翔参与了该《国标》的起草与制定，深知《国标》对商务英语本科专业发展意义重大。由此看来,加大力度研究商务英语教学以保证商务英语专业人才培养的质量是商务英语界同仁的重要任务。目前我国商务英语界对商务英语教学有较深入的研究,但引入"行动研究"研究法的不多。我们发现,"行动研究"法对商务英语教学一线教师研究商务英语教学有很大的现实意义。我们认为,有必要在当代商务英语教学中引入"行动研究"(也有人将 action research 翻译为"行为研究")。与往常的学术研究不同,行动研究不是以专业研究人员为主的研究,是实践者(行动者)对自己的"行动"(实践)进行反思和研究。通过这一研究范式的应用,可以解决教学过程中的实际问题,帮助提高商务英语教学质量。本节对行动研究法在高校商务英语专业教学研究中的应用做些探讨。

一、关于行动研究

(一)行动研究背景

"行动研究"(action research)是个舶来品,属于一种研究类型,是一个易学且易操作的研究方法,于 20 世纪 40 年代在美国的社会科学研究中开始出现。从 50 年代开始,人们将它应用于教育研究之中。自 70 年代起,行动研究越来越受到教育实践者和教育研究者的欢迎。目前,行动研究已成为广大教育技术实践者从事教育技术研究的一种重要方式。

第二次世界大战期间,美国的社会工作者约翰·柯立尔(John Collier)和著名的社会心理学家勒温(Kurl Lewin)等人在对传统社会科学研究进行深刻的反思之后,提出了"行动研究"概念。

一般来说,"行动"与"研究"是人们所从事的性质完全不同的两种活动,前者指实际工作者的实践活动,后者指训练有素的专家、学者所进行的专业探讨研究活动。柯立尔和勒温在各自的研究工作中发现,社会科学研究者如果仅凭个人兴趣,仅仅是为出成果(如发表著作、论文)而做研究,那么其研究工作就难以满足社会实践的需要;另一方面,实际工作者若不研究自己所处的环境和所面临的问题,同时又得不到专业研究者技术上的帮助,他们便空有一腔"热情",其结果是无法做出"有条理、有成效的行动"。为了改变这一现状,上述两位学者提出了一条社会科学研究的新思路、新方法,即在真实的工作过程中进行研究,并且由实际工作的实践者本人从事研究,适当地与专业研究者合作进行研究,目的在于使成果为实际工作者所理解、掌握和应用。换言之,让他们能够通过研究,并利用该研究成果解决工作中的实际问题,从而达到"没有无行动的研究,也没有无研究的行动"的目的。

行动研究发展过程中的另一位重要人物也值得提及,尤其是在涉及教育领域的行动研究时，他就是考瑞（Stephen M.Corey）。考瑞当时是哥伦比亚师范学院院长，于1953年出版了《改进学校实践的行动研究》一书。在该书中，考瑞首次系统地将行动研究应用到教育实践中来。他认为所有教育上的研究工作，应该由应用研究成果的人来担任，这样才能使其研究结果不致浪费。也就是说，他认为需要与教育有关的各方，如教师、学生、辅导人员、行政人员甚至学生家长等不断检讨学校措施与教学质量，学校才能适应现代生活之要求。

我国在引进西方国家先进科学技术的同时，"行动研究"新理念也于20世纪80年代初被介绍进来，不过当时人们对该新概念没有进行深入的研究。至90年代中期有人对行动研究开始进行比较系统的研究。从教育行动研究引入我国以及我国的发展现状来看，教育行动研究本土化的过程主要经历以下三个阶段：①译介引入阶段（20世纪80年代~90年代初）。②发展推广阶段（20世纪90年代初~90年代末）。③教育行动研究的多样化发展与应用阶段（21世纪初至今）。迄今，我国教育界对行动研究较为重视，尤其是在师范院校中更是如此。行动研究方法似乎多应用在中小学的教育实践中。然而，在高等教育领域，行动研究的应用仍不是很普遍。

我们认为，行动研究具有广泛的应用价值。例如，高校商务英语教学可引入行动研究，借此对商务英语教学质量进行反思，以提高商务英语教育质量。再如，在我国翻译界一直存在翻译实践者和翻译理论研究者之间的隔阂。有些翻译实践者瞧不起翻译理论研究者，认为他们没有翻译过著作，尤其是没有翻译过世界名著。根据这种现状，行动研究方法也可以引入翻译界。翻译实践者自身可以在翻译实践过程中发现问题，然后对问题进行研究，因为行动研究的参与者就是行动的实践者（在这指翻译家自身）。另外，行动研究还重视行动实践者（翻译家）和专业研究者（在这指翻译理论研究者）之间的合作。如果翻译实践者和翻译理论研究者都能进行行动研究，对自己的"行动"（分别指翻译实践者的翻译实践和翻译理论研究者的研究实践）反思与研究，并展开协作，这样就可以相得益彰，取长补短，同时又能加深两者之间的沟通与理解，可以在不同程度上解决翻译理论研究和翻译实践研究脱节的状况。

商务英语界的研究人员大多数是教师，他们从事商务英语教学与研究，专门从事商务英语研究的人员较少。商务英语教师身兼两种职能：教师与研究者。换言之，商务英语教师有教学经验也有科研经验。如果他们将行动研究法应用到商务英语教学研究中去，会有助于提高商务英语教学质量，因为行动研究法是实践者用来研究解决实践中的实际问题的一种研究范式。以下将进一步讨论。

（二）关于行动研究

对行动研究的定义有很多，但基本上大同小异，都是从不同角度对行动研究进行阐释。我们此处的行动研究是特指在教育背景下的"行动研究"。

有多个知名学者给行动研究以定义。比如，澳大利亚学者凯米斯在《国际教育百科全书》中给"行动研究"所给出的定义是："由社会情境（包括教育情境）的参与者为提高对自己所从事的社会或教育实践的理性认识、为加深实践活动及其依赖的背景的理解，所进行的反省研究。"该作者明确指出实际研究者就是实际实践者，强调行动研究的行动人对自己的行动进行反思。英国学者约翰·埃利奥特的定义是："行动研究是对社会情境的研究，是以改善社会情境中行动质量的角度来进行的一种研究取向。"该定义从研究视角描述了行动研究的实质。

由以上定义可知，行动研究的核心是对自己实践工作的"反省""反思"。在商务英语教学中，行动研究中的"行动"指教育实践，换言之，指教师的施教过程和为施教过程而采取的行动。所谓"研究"，一般指专业研究人员或专家教授进行的理论研究，或指受过专门训练的专业工作者、专家学者对人的社会活动和社会科学的探讨。"行动"和"研究"属两个不同的概念，被用来描述不同的人所从事的不同性质的活动。商务英语行动研究中的"研究"，主要指的是教师本人对自己的施教过程（教学工作）中的问题加以研究，这种研究是教师本人对自己的教学进行"反思"。据此，我们认为，在商务英语教育领域中，行动研究可定义为是一种研究范式，是在真实自然的商务英语教育环境中，商务英语教育实践者按照一定的运作程序，利用多种研究方法与技术，以达到解决商务英语教育实践中存在的问题为首要目标的一种研究范式。

（三）行动研究的性质

行动研究不是理论研究。在商务英语教育中，它不是探讨商务英语学科理论或教学理论的研究。商务英语行动研究是对商务英语教育实践中出现的问题加以研究。换言之，在商务英语教育技术领域中，行动研究所关注的不是某种理论研究者认定的"理论问题"，而是教育技术决策者、院长、系主任、教师在工作中所遇到和亟待解决的"实践问题"。"商务英语教师的行动研究是在商务英语的实际教学中，不断针对具体问题进行的观察与研究，实际上是英语的教学研究。"

行动研究在本质上是一个过程，一个追求更合理的教育技术教学实践的过程。其目的在于让教师获得一种内在启蒙和释放的力量，拓展崭新的思考维度，获得新的探询方向以及增强教育实践能力和自我超越的能力。为了便于行动研究和解决问题，行动研究有时需要借用某一学科的主张或某一理论知识。例如，在针对商务英语教学过程中出现的学生商务翻译能力问题时,行动研究者可以借助翻译理论和英汉语对比理论来阐释问题。此外,还可能容纳和利用有利于解决实践问题、提高行动质量的经验、知识、方法、技术和理论,尤其是重视实践者以及实际工作者对实践和实际问题的认识、感受和经验。行动研究不关心"一般知识"和"理论"的发现、产生,它主要对以下几点加以重视:

(1)重视从具体、特殊到一般和普遍;

(2)重视已有的理论和知识;

(3)重视渗透在行动计划中的经验和理论都必须接受实践的检验、修正、补充;

(4)重视知识和理论来源于实践,并在实践中体现其有效性和真理性。

行动研究不探究商务英语理论,研究所获得的成果不在于获得普遍的应用,只是为了解决本校、本院、本系、本班的某一问题。如怎样选择合适的商务英语DVD影像资料,怎样解决营销英语课程教学中学生社会实践问题等。这些问题具有一定的针对性和特殊性,能及时满足教育实践活动中教师寻求解决困难办法的需要。行动研究有时采用量化的研究方法,不过,大多数情况下,行动研究以质的研究方法为主,在资料的验证上常采用多种方法以搜集资料[2]。

综合上述可知,行动研究不是理论探讨,而是着重于对实践行动中的问题进行探究的一种方式,是一种应用性研究。

(四)行动研究的特点

行动研究与专家学者所进行的科学研究有明显的不同,其特点主要有以下几个方面:

1.研究者本人就是实践者

行动研究的研究者不是局外人,是教学实践者,即教师。例如,在商务英语领域,我们有专门从事商务英语研究的专家学者,他们对商务英语学科某一理论进行学术探讨,如探讨商务英语的逻辑起点、学科理论体系,这些是纯学术的研究。而行动研究则是行动者对自己的"行动"所做的研究。商务英语教师本人可以对自己在商务英语教学过程中存在的问题进行研究,如商务英语写作课学生参与互动的问题、国际贸易实务课程学生模拟谈判参与问题、教学过程中商务英语语言知识和国际商务专业知识的教学比重问题等等。在商务英语教学过程中,存在许多类似的问题。商务英语教师本人就是这些问题的研究者。他们通过各种不同途径对工作中的问题进行实地调研,也可以通过实验获取数据等方式来研究解决问题。

创立实验主义主张的杜威认为:"人们如果想发现什么东西,就必须对事物做一点什么事;他们必须改变环境。这是实验室方法给我们的教训,一切教育都必须学习这个教

---

2 李俊.英汉经贸合同精选[M].北京:对外经济贸易大学出版社,2002.

训。"杜威还认为，不仅在使原则适应实际的情况方面有大的自由，而且如果可能的话，将赋予教师更多的责任。教师对工作中的问题怎样解决应该给他们有很大的主动权。杜威很看重教师的实践。"实践是第一位的，也是最终的，实践是开始，也是结局。"商务英语教师参与了教学实践，最有发言权；身临其境，了解问题的起因，并通过行动研究的实践来反思教学工作，认识、分析和解决问题。当然，行动研究者也可与学术研究者合作，对商务英语教学过程中的问题进行研究。

2. 研究者在"行动"中进行研究

通常的研究工作中，研究者只是对某一课题进行独立的研究；而行动研究者是在自己的行动中（实践中）进行研究，如商务英语教师对综合商务英语课程中学生掌握知识的情况加以研究。他可以通过课堂实地调查，也可以通过问卷调查等形式进行研究。

3. 行动研究者是研究的主体

行动研究中行动研究者是主体，但也可能是研究的客体。不过，绝大多数情况下，行动研究者是行动研究的主体。在通常意义上的社会科学研究中，实践者是被研究者，是研究者所研究的客体或对象；而在行动研究中，他们成了研究的主体，不是被动地接受他人的研究成果，而是对自己所从事的工作加以研究。如在商务英语领域，商务英语教师可以对商务谈判课程的教学模式进行研究，在自己的教学过程中找出问题，然后以自己为主进行研究。

4. 研究者是研究成果的应用者

在一般的学术研究中，研究者并不应用学术研究成果；而行动研究的成果就是为研究者所应用。它强调研究结果的即时应用，而非学术理论的验证或建立。行动研究将实践工作者、研究者、研究应用者结合为一。换言之，行动研究中研究者是所研究的环境中实际工作的人，另外还是使用该研究成果的人。例如，通过行动研究，商务英语教师发现学生对商务英语写作课参与互动的积极性不高，但是通过行动研究找到问题的根源：一是传统的写作课基本不需要互动，二是学生不了解国际商务公司文本制作中经常有团队讨论制作的情况。商务英语教师可以将行动研究后获得的成果用于自己以后的教学。

（五）行动研究类型

一般将行动研究的特点分为三大类型：为行动而研究，在行动中的研究和对行动的研究。

1. 为行动而研究（research for action）

为行动而研究指的是行动实践者使用科学的方法，对自己的行动加以研究，而不是研究建立学科体系等理论研究。在商务英语教学中，就是指商务英语教师为自己的教学行为而做研究。该特点反映了行动研究的明确目的是为自己的教学行动而进行研究，如商务英语教师为教学团队建设中的问题寻找解决的路径。

2. 在行动中研究（research in action）

在行动中研究指的是行动实践者在自己的教学行动过程中，而不是在实验室或是模拟的环境中对自己的实践进行反思与研究，以达到改进行动的目的。该特点不同于传统的科研活动：研究人员在自己的实验室或是办公室进行案头研究（desk research），必要时才到实际场地进行实地调查研究（field research）；而行动研究一直就是在真实的实际工作环境中进行研究，如商务英语教师在国际商务导论课程教学过程中遇到用英语讲解国际商务术语学生难以理解的问题。怎样解决这个问题，该教师对自己的课堂教学进行思考和研究，寻找解决该问题的答案。

3. 对行动的研究（research of action）

相对"为行动而研究"而言，"对行动的研究"意味着行动研究是一种"以问题为中心"的研究形式；而"为行动而研究"则意味着行动研究是"以实践为中心"。对行动的研究指的是行动实践者为解决实践中的问题而进行的研究。在这种情况下，行动研究被视作教师或其他实际工作者对教育实践中的实际问题进行研究。如在商务英语教学中，商务英语教师在其教学过程中对自己的教学行动（教学过程中的各种行为，如 PPT 设计、影像资料选择、课堂讲解效果、板书等）进行反思与研究。又如商务英语教师在商务英语翻译课程教学过程中遇到讲解翻译和学生翻译实践的时间分配问题。怎样解决这些问题，教师对自己的课堂教学进行思考和研究，寻找解决该问题的方法。

二、行动研究程序

任何研究都遵循一定的程序、步骤，行动研究也不例外。澳大利亚学者凯米斯认为行动研究的过程分为以下一些步骤：

①发现问题；②调查研究；③重新确认问题；④制定行动计划或措施；⑤实施计划；⑥观察收集数据；⑦反思与评价效果；⑧撰写研究报告。

以上八个步骤关系紧密，一环扣一环：第一步，首先发现实践中存在的问题，这种问题通常具有普遍性或代表性；第二步，对该问题进一步审视，做一些必要的调查研究，对问题加以确定；第三步，对确定的问题认真思考，重新认识该问题的性质；第四步，制订行动计划，如：行动阶段安排、人员安排、辅助设备安排（如果有）、问卷设计，等等；第五步，具体实施计划。在实施计划过程中，根据实际情况可以对原来的安排适当调整；第六步，对上一步获取的信息和数据进行加工处理，如对信息和数据按照"去粗取精、去伪存真"的原则加以分门别类,对比分析,认真研究,找出问题的根源所在,得出结论;第七步,对所完成的行动研究反思,如:认真思考完成的行动研究是否存在问题,对行动研究的实际效果加以反思,对所得出的结论是否客观、是否符合实际情况做进一步验证。第八步,在行动研究的基础上撰写报告。报告中需要指出问题,明确解决问题的方法及效果。

以下以商务英语的行动研究为例来进一步阐释凯米斯所描述的这些过程。

(一) 发现问题

在国际营销英语课程教学过程中,教师发现学生对到讲台前进行PPT推介(presentation)演练积极性不高,原因何在?提出假设:①学生怕在课堂推介活动中出错,丢面子;②学生不习惯这种教学方法;③学生缺乏营销推介体验。

(二) 调查研究

通过仔细观察课堂中的气氛,并对部分学生进行个别访谈或分发调查问卷,发现所有学生对该课程都感兴趣,也喜欢借助PPT进行模拟国际营销推介。调查结果发现,问题的根源在教师的教学方法方面。课堂上教师对推介的作用虽然做过详细的解释,但是,没有展示实际样板或通过影像资料展示跨国公司真实的推介活动。另外,学生对国际营销方面的常用英语术语、句型掌握得不好,对所推介的产品性能也不太了解。这些都影响了学生参与课堂模拟推介活动的积极性。

(三) 重新确认问题

学生参与模拟推介活动的积极性不高的直接原因是教师在课堂上讲解太多,而学生练习不够。另外,没有给学生系统的国际营销常用语和句型,没有提供足够的相关案例。怎样才能改变这种状态呢?

(四) 制定行动计划或措施

教师采取以下措施:在讲解课文前,设计一些与课文有关的国际营销专业问题和营销英语语言问题,启发和引导学生思考和回答这些问题,提供部分关键词语、句型进行讲解;然后,将学生分成小组进行讨论,要求学生对这些问题做出解答,每组之间进行竞争,看哪一组能正确回答更多的问题;每组选出代表对上述所提出的问题进行必答与抢答;之后老师做出点评,对每个问题给出正确答案,并做进一步解释;播放DVD展示公司真实推介产品的情景,让学生对跨国公司进行产品推介活动有初步的感性认识;同时,给学生讲解一些常见的推介技巧,包括着装、礼仪、推介时语言声调处理、团队合作(每个人之间的衔接),等等;将学生分成小组,每组作为公司营销部,每组的组长扮演营销部经理角色,其他成员扮演营销部员工。让每个小组先自己演练。这样,每个学生都能参与活动;在学生进行以组为单位自我演练的过程中,教师对每组巡视,提供技术支持,用手机将学生的推介活动录下来为后面的评点提供实际场景回放,并适当提出问题和建议。

(五)分析、反思与评价效果

教师将观察到的情况做出记录,将有关情况反馈给学生,并进行分析和研究。另外,对学生的自我模拟推介活动的效果进行对比分析,结果发现学生自主活动的能力实际上很强,学生有展示营销推介的欲望。因此,该教师充分认识到,学习语言是一个动态加静态的过程。动态过程指的是学生就商务英语的教学内容进行的演练活动,在活动中对商务英语加深印象;静态过程指的是学生学习商务英语过程中的自我学习、自我思考的过程。在总结这一经验的基础上,要不断设计出更好的课堂活动让学生参与。不过,另一方面,教师发现每个小组的活动效果不一,有的组之间的效果相差甚大,有的学生表现得非常积极,而有少数学生表现得不是很积极,这应该是教师下一步要解决的问题。

(六)观察收集数据

在行动研究过程中,研究者的同事可以提供帮助,如在课堂上听课,用摄像机将行动研究全过程摄下来;另外请学生以书面的形式告诉教师他们的真实感受;再就是通过问卷调查方式获取学生的信息反馈。对上述行动研究获得的信息与数据进行加工处理、分析、对比、研究信息、数据,确定信息与数据的真伪,对学生的信息反馈做深入的研究。

(七)实施计划

"计划"指的是教师在商务英语教学中推行上述以动态的教学方式让学生参与的教学措施。在措施实施过程中,根据实际情况,及时发现问题、调整计划;另外,当授课对象不同时,如针对MBA学生、商务英语专业研究生、商务英语本科生、非商务英语本科生时,计划应及时做出调整。

(八)撰写研究报告

教师将研究的过程与结果形成报告留给自己以后参考,也用以与同事进行商务英语教学经验交流,并争取在有关的期刊上公开发表行动研究报告。

通过上述讨论我们得知,在商务英语教学研究中,行动研究是一个行之有效的提高商务英语教学质量的研究范式,为商务英语教学研究提供了不同的研究思路。因此,商务英语教学实践者、管理者等与商务英语教育、教学相关的人员,可以通过行动研究范式,对商务英语教学、商务英语教育管理等加以研究。此外,如上所述,商务英语教学研究还可以通过与同行合作,与研究商务英语理论的专家合作的模式来研究商务英语教学实践。

第四节　商务英语教学中的文化因素

　　经济全球化的深度和广度不断加大,使得越来越多的人和企业逐渐认识到了商务英语的重要性,并且开始关注商务英语的教学现状。在商务英语的教学中渗透文化因素,对于体现文化特色,开展商务交流活动具有很重要的作用。同时,促使文化因素融入商务英语的教学过程中,对于学生在今后的工作中更好地开展跨文化的商务交流以及提升学生的商务交际能力具有很大的作用。

　　经济全球化的深入大大增加了社会对商务英语专业人才的需求。商务英语的主要特征就在于其具有较强的应用性以及实践性,并且其中富含商务文化因素,包含了多个国家与地区的商务习俗和利益等。但是传统的商务英语教学活动并没有很清醒地认识到这一点,而是认为只需要对学生的英语知识以及一些商务知识进行培养就可以使学生具备从事商务交流的能力。所以,在现阶段的商务英语教学工作中,比较缺乏对文化因素的渗透,这也是许多商务交流活动最终失败的原因之一。学生对交流方的商务礼仪等不了解,很有可能在商务交流活动中出现一些低级的失误,给他人留下负面印象,导致商务交流活动的失败,给企业贸易甚至国家贸易带来损失。因此,在商务英语教学活动中渗入文化因素对于提升该学科的教学水平和学生的实际应用商务英语开展商务交流活动的能力有很大程度的提升。

一、商务英语教学中渗入文化因素的必要性

　　语言的存在于发展跟文化密不可分,脱离了文化因素,语言本身的魅力会大大降低。所以,语言和文化的关系非常密切,二者相互促进与影响。因此,对于任何语言学习者来说,要学习的不仅是语言知识还要语言背后的文化知识。在商务英语教学中,对学生的跨文化交际能力进行培养,使得学生具备一定的商务英语交流能力是这一课程的基本目的。在教学过程中,也必然要包含商务英语教学,老师不仅要对学生的英语语言交流的能力进行培养与提升,还要对学生的商务文化能力进行重点的培养,让学生在掌握一定的商务知识的基础上,有意识地对其商务文化进行渗透,逐步地对学生的文化敏感度进展提升,以促进学生对相关国家文化的了解,提高其交际能力。因此,开展商务英语

教学活动可以加深学生对商务英语知识的了解，还能对学生的商务文化的意识进行培养，最终实现预期的教学目标。

二、商务英语教学中的文化因素分析

（一）商务时间的文化

时间观是全世界各国开展商务交流活动都必须具备的基本观念，也是一种比较稳定的文化。总体来说，不同的民族时间观也存在一定的差异，主要还是源于文化基础的差异使得各族人们的时间观受到很大的影响。在商务活动中，人们通常都会无意识运用自己的时间观。在这种情况下，如果没有考虑对方的时间观，而只从自己的角度出发，必然会导致一些误会和冲突，最终致使商务活动出现失败。

对于西方来说，比较注重预约，这是西方人时间观的一种具体的体现。尤其是美国人，特别看重时间观，对于不守时的人，通常会被大家认为是不负责任的表现。所以，西方人不管是参与何种类型的活动都会习惯性地去预约。就我国的情况来看，对于实践观念一般比较遵循模糊的原则，更加注重对时间的适应。中国人相对来说在时间方面的认识不像西方那么执着，往往可以在同一时间内做好几件事情，并且有些时候可以根据自己的实际情况及时地对原先的安排做出调整。

（二）商务价值的文化

价值观能够反映出一个国家和民族的很多问题，是一种特定的文化，在生活和工作的方方面面都会体现出个人的价值观。从价值观的影响程度来看，在商务活动的全过程都体现出价值观的因素，尤其是在实际的商务谈判的过程中，谈判双方在对一些人以及谈判的事的区分，能够明显地表现出中西方对于价值观方面的一些差异。

总的来说，中国人更加注重和睦，也非常提倡构建和谐的人际关系。在实际的商务谈判的过程中，也非常注重从整体的视角去看待谈判过程中的人和事。通常认为只有建立在非常和谐的人际关系的基础上，才能使得谈判工作可以更加顺利进行，并且对双方以后的合作也会起到很大的促进作用。因此，为了更好地与对方成为朋友，建立友谊，会把谈判的很多环节放到酒桌上进行，这也使得我国的酒桌文化非常盛行。但是在西方人看来，谈判过程中的人和事实际上是分隔开来的，他们更加看重利益，不会把人际关系与商业利益放在一起，这也使得中西方在开展商务谈判时存在比较大的差异。

（三）风俗习惯

风俗习惯在人们的生活和日常交往中都会有非常丰富的体验，也是文化中非常重要的内容，具有很大的影响力。在开展商务谈判时，通常伴随一些社交活动，这些活动很大程度上都会受到文化因素的影响，并且在一定程度上决定着谈判的进程。在实际谈判的过程中，如果对对方的文化习俗不够熟悉，而做出错误的决定，很有可能带来巨大的损失。因此，在谈判前，要充分了解对方的文化背景，做足功课，才不会在谈判中出现非常低级的失误。

商务英语在近年来逐渐兴起并被广泛地重视，其教学目的就是有效提升学生的商务英语的交际能力。鉴于文化因素对于商务谈判的重大影响，在商务英语的实际教学过程中，老师一定要注重把握好渗透文化因素的时机，让学生在学习商务英语专业知识的同时能够充分了解主要贸易国家的商务文化。

第五节　商务英语教学中商务文化意识的培养

随着全球经济一体化的加深，国际商务活动的不断增加，国内商务英语专业人才短缺，为了顺应这一趋势，国内许多学校开设了商务英语专业。商务英语专业的培养目标能体现出商务英语专业的综合性和实践性的特点，要求学生在运用英语沟通的同时，又注重商务知识的学习，把"商务"和"英语"有机地结合起来。除此之外，不容忽视的是商务文化意识的培养，这将直接影响到商务活动的成功与否。而培养学生的商务文化意识就要求任课教师在课堂上逐步渗透，在一些真实案例的分析中积累经验，商务文化意识提升了，才能为将来从事的商务活动奠定扎实的基础。

一、商务英语教学中商务文化意识培养的意义

按照国际语言学术界普遍认同的观点，高等教育中的英语教育可以分为ESP（专门用途英语）和EGP（普通英语）两大类。EGP旨在培养外国语言文字工作者，而ESP则旨在培养能在特定职业中使用英语的专门人才。ESP课程有明确的教学目的、教学内容和交际需求，EGP则仅仅作为一个语言课程。商务英语是ESP其中一个分支，而且已经取代科技英语成为ESP中发展最快、最重要的一个分支。

商务英语教学相较于普通英语专业教学而言，对教师及学生提出更高标准要求，旨在培养在掌握较高英文专业知识的同时，并具备商务专业知识相结合的复合型人才。我国改革开放和外向型经济发展对商务英语方面人才的需求十分迫切。

在国际大背景下，各国的政治、经济、文化等方面观点不尽相同，为了在沟通交流

的过程中避免一些麻烦，高效处理商务事宜，那么商务文化冲突就必须纳为我们详尽考虑的一个重要方面。如果双方没有商务文化意识，那很有可能会直接影响到商务活动的成败。那么，在商务英语相关知识学习的过程中培养学生的商务文化意识，可以为学生在毕业以后参加正式的商务活动打下良好的基础。

二、商务英语教学案例中出现的商务文化现象

英国文化人类学的奠基人爱德华·泰勒在1871年出版的《原始文化》中这样写道："文化是一个复合整体，包括知识、信仰、艺术、道德、法律、习俗、以及人类在社会中所获得的一切能力与习惯。"来自不同国家或地区的人都有着迥然不同的历史文化传统和风俗习惯，各国商人的文化背景、价值观念和逻辑思维方式也存在着明显差异。文化差异会引起不必要的碰撞或冲突，很多案例表明，文化冲突直接影响了商务活动的正常进行。在商务交往过程中，在不同的文化背景下，如何避免双方文化差异，减少文化冲突是商务人士必须攻克的一道难关。

进行国际商务谈判时，来自不同文化背景的谈判者往往会遭遇思维方式上的冲突。以东方文化和英美文化为例，两者在思维方面差异有三：

其一，东方文化重演绎推理、形象思维，习惯于从一般到个别，即根据一般原理推出个别结论；而西方文化重归纳推理、抽象思维，习惯于从个别到一般，即从许多个别事物的特征中找出这一类事物的共同本质。

其二，东方文化偏好综合思维，即在思想上将各个对象的各个部分联合为整体，将它的各种属性、方面、联系等结合起来。英美文化偏好分析思维，即在思想上将一个完整的对象分解成各个组成部分、方面。

其三，东方人注重统一，英美人注重对立。如中国哲学虽不否认对立，但比较强调统一方面，而西方人注重把一切事物分为两个对立的方面。

三、商务英语教学中培养学生的文化意识的策略

随着课程改革的逐步深入，商务英语教学对教师的要求越来越高，在教学过程当中，不仅要注重基础知识的讲授，也要注意结合社会实际情况，我国目前商务英语专业学生的文化意识还有待增强。

（一）提高教师自身专业素质

教师在课堂教学过程当中，处于主导地位，教师的知识水平直接影响学生的学习效果。因此，身为教师，首先应提高自己的商务文化素养，做一个懂得全世界各国的背景

文化的"多面手";其次,要想增加自身的商务知识和实践经验,教师应深入跨国企业中去,在实践中得到锻炼,在锻炼中积累经验。只有在这种情况下,才能培养出在不同的商务环境下、不同国家文化背景下,具有较强交际能力的涉外商务人才。

(二)课堂教学中,注重文化教学

在实际教学内容设计过程中,教师应适当增加文化背景知识的介绍,融入商务英语相关课程中去。对一些具有特殊意义的重点词汇,除了了解词汇意义外,还应强调其文化内涵及使用方法。教师可通过一些互动性较强的环节,来增加学生的记忆力,使学生能够较好掌握,并灵活运用。

(三)充分利用多媒体进行跨文化训练

在现代教学方式中,多媒体的使用使得教学手段更加方便、新颖和高效,教师可以通过恰当使用多媒体,来增强学生们的跨文化意识。比如可以在网上搜集大量真实案例,让学生们进行分组讨论,其引起文化冲突的原因,谈判成功或失败的启示是什么,并要求每组同学自己搜集相关材料证明自己的观点,在班级中分享给其他同学。或者可以通过视频影片、报纸等媒体对异国的商务文化进行介绍,也可分组模拟谈判现场,在情景模拟中增强文化意识。

在商务活动中,文化差异会直接影响商务活动能否顺利展开,为了减少或避免文化冲突,在平时教学过程中,教师要加强学生文化意识的培养,学会换位思考。同时,在面对不同的文化时要保持端正的态度,促进文化的融合,才能有利双方的沟通与合作。只有培养出具有文化意识的商务英语专业人才,才能满足国家对商务人才的需求。

第六节　商务英语教学中跨文化礼仪培养

经济全球化是时代发展的潮流,同时英语也成为最普遍的交流工具,其重要性不可估量。商务英语教育在我国发展了很长一段时间,而且其也是英语专业学生的必修课。商务英语教学目的是教授学生们国际商务规则,同时不断提升他们的英语水平,最终成为掌握流利英语而且了解世界各地文化的全能型人才。商务英语教学中也需要注重商务礼仪的教学,虽然教学中知识很重要,但是礼仪也同样重要,从事商务活动就需要学好礼仪,了解他国文化尤其重要,我们需要培养懂礼仪的商务英语人才。

一、国际商务谈判礼仪与文化差异概述

礼仪无论什么时候都存在着,在人际交往中发挥着重要的作用。在国际商务谈判中要先了解其他国家的礼仪,然后才可以开展谈判,这个细节在国际商务谈判中起到很大的作用。对不同国家不同文化有所了解,才能使交流变得更加轻松,为国与国之间的文化交流以及合作提供桥梁。国家与国家之间的文化差异是指在历史、经济、文化方面的差异,这些差异为国家间交流提供了一个好的平台,而且促进着国家之间的共同进步。在国际商务谈判中,面对各国之间的文化差异,一般都采取尊重的态度来应对。

二、商务英语教学中跨文化礼仪培养的必要性

随着时代的不断发展,当前世界经济已经得到了质的飞跃,商务活动也体现出了其影响力。商务英语在商业文化交流的各个方面都有一定的影响,但是在商业文化交流中最重要的还是礼仪。礼仪不仅是文化的一种体现,更是素质的体现。因此,需要在商务英语教学中提高学生们对礼仪文化的认识,不仅掌握英语,还要对商务文化进行了解,从而进一步提高学生们的文化涵养。在商务英语教学中跨文化礼仪培养是十分重要的,其不仅可以使学生提升交流能力,而且能为我国培养高素质人才,从而促进商务文化的发展。

三、商务英语教学中跨文化礼仪培养策略

(一)创新学生对跨文化礼仪的认识

商务英语教学中有很多跨文化交流空间,我们需要合理地利用这些空间,使学生可以更加快速地融入跨文化礼仪培养中,从而提高跨文化礼仪培养的效率。在课堂上,可以利用课堂环境,安排学生们模拟一次商务交流,让他们身临其境加深对礼仪的认识,从而给他们留下更好的印象。首先,需要选择穿正装来体现个人的仪表,从而给人一种一表人才的印象,这样也是对其他人的尊重。然后,可以通过构造一个情景,从而使学生们在实际的交流中了解到更多的礼仪,找到商务交流文化中的重点。在学生们开展情境对话的时候,教师可以即时讲解"外国使者"的语言及非语言礼仪,学生现学现用,教师对学生们的礼仪行为予以评价,学生及时做出矫正。商务英语教学实施情景教学模式,可以让每一位学生都真正了解商务跨文化礼仪,从而成为优秀的高素质商务人才。

（二）提高教师的文化礼仪素质

学生都是通过教师的指导从而学习到知识的，教师发挥着一种重要的作用。在商务英语教学跨文化礼仪培养中，教师的个人文化素质将会对教学的效果带来很大的影响，所以教师需要进行多方面的学习，以便为学生们更加准确地传授知识。在实际的情景模拟中，教师应该实事求是地指出学生们的不足之处，而且需要对学生的一言一行进行详细的分析，这样学生才能知道自己的不足在哪里。在商务英语教学中，时刻要注意细节，教师需要不断丰富自己的文化礼仪知识，有必要可以去国外深造，了解外企，开阔视野，促进商务英语教学的发展。

商务英语教学中跨文化礼仪培养是顺应时代发展的，通过培养商务英语跨文化礼仪人才，从而不断提升我国的商务事业发展。商务英语教学与跨文化礼仪的有机结合，可以使人们更好地了解到跨文化礼仪的重要性。商务英语教学需要通过改革，从而适应当今商务时代的发展，激发学生的学习积极性，最终培养出适应国际商务交流的高素质人才。

第七节　商务英语教学平台设计

我们所说的商务英语，即基于商务场景往往使用到的英语，在实际当中，我们往往也学习与使用一些英语口语、写作等，但与商务英语不同，从其本质上分析，主要不同之处，即大量词汇，在这些词汇当中，往往不同的是名词，再有，就是句子不同，因商务场合不同，为了顺应这种环境，就会说对应的词汇与句子，最终形成一种有特色的商务英语。商务英语教学平台能让学习者了解到商务英语的真正概念，通过一系列的培训，使学生更好地把握商务英语。

一、单项训练技能

这里说的单项训练技能，其训练内容往往是单一的项目，诸如，外贸函电、国际结算、进出口务实与单证等都是单项训练内容里面的一部分，针对这种训练可选择其中一项进行训练，在这方面具备足够的知识掌握，训练的内容则是循序渐进的，不同的训练技能有不同的训练方式，训练的内容之间可以相互串联起来，以更好地掌握这一基本技能，每一项的训练都是为下一次的训练做准备，从开始到结束，都是有顺序地进行，每一项之间都有一定的联系，也有一定的区别，前面可能只是简单地接触，渐渐地引申下去，直到全部掌握这项商务技能，才能算是成功学习到商务英语并且了解它，系统地学习商务英语是为了让学习者有足够的积极性去学习它,只有融会贯通商务英语的每一项技能,才能为以后进入商务活动中提供足够的准备,只有学习好商务英语的各项基本技能,才能真正算是一个商务活动中的合格人才,才能应对大量的商务活动。

(一)进出口务实与单证

进出口务实作为商务英语中一个基本的技能,它涉及的方面比较广泛,内容也比较复杂,其中需要学习者真正了解到以下基本内容,并且去熟练掌握它们,这主要包括商品的国际市场调研、出口货源的准备、贸易谈判的方式和内容、贸易谈判过程与合同的订立、合同价格条款中的贸易术语、合同中商品的名称和品质条款、包装条款、检验检疫条款、出口商品的交付和运输条款、报价核算、索赔与不可抗力条款等内容。学习到这些内容,把它用到商务活动中去,带入实践之中,为在实践中学习的提高提供基础,成为一个合格的商务人员。

(二)外贸函电

如今,使用外贸函电的数量越来越多,因好多国家均与国际贸易有着一定的关系,这样一来,双方为了顺利进行业务交往,于是采取这种方式。如今的时代也是一个信息化快速发展的时代,使得这种信件的使用方式越来越丰富,比如,纸质的信件形式,或者电子邮件的形式、传真等。外贸函电包括了一些最基本的常用内容、格式以及要求和语气等,其一,其内容主要包括以下方面,即业务关系的建立、询盘、发盘、回复、销售合同、包装、保险、赔偿、仲裁等。其二,要求他们能够准确表达,同时主题要分明,内容清晰,语言流利,表述准确。让对方一目了然主要表达的思想,对于个事他有专门的一些依据,比如,使用固定的习惯用法、句型来表达。对于外贸函电而言,还比较关注语气的使用,比如,当进行开发信、询盘、回复等时候,语气往往要温和,能够表达出感谢的意味;当联系业务的时候,往往语气要有谦虚、自信的意味等等,对于外贸函电,往往发挥主要的作用,比如,能够及时联络业务、进行交流等,目前,外贸函电被作为一种英语应用文体经常使用在国际贸易商之间,基于此,促进国际贸易的发展,使国际市场被进一步得到开拓以及促进对外贸易的快速发展。如今,学校已经把外贸函电业务、外贸函电英语写作等融合与国际贸易业务知识当中,这样做的目的是培养学生理解、翻译、撰写等能力,即针对外贸信函。与普通信函比较,外贸函电有着独特的特点,比如,特殊的语言、特殊的内容、特殊的态度、特殊的格式等。因此,为了学生更好地与外商进行交流,需要学生对外贸函电的写作的基本要求、文体特点等方面做到了解,以及把握好书写的规则与技能。如今,我们步入了办公自动化的时代,同时信息技术也越来越快地发展,自从使用电子邮件之后,交流信息越来越便利。外贸函电是一项理论内容,掌握它并且用于实践之中，是一项商务英语的基本技能。

（三）国际支付与结算

我国加入世界贸易组织以后，经济的发展从此不仅仅局限在我们中国，经济全球化的今天我们顺应时代的步伐走出去。我们的商务英语也是应运而生的一门贸易技能，对于商贸英语中的国际支付与结算来说，它充分发挥自己的优势之处，贯彻"工学结合""管用、够用、实用"的教学指导思想，充分吸取高职高专在探索培养应用型人才方面取得的成功经验和教学成果确定课程内容。这一项目的训练主要是让学生掌握有关国际支付与结算之中的一些工具、方法以及单据和规则等内容，对学生进行模拟训练，在模拟环境中掌握这一技能。

二、综合训练

在商务英语中，综合训练是一个比较重要的阶段，只有把握好这一阶段，学生的各个方面将得到发展，比如，其培养目标得以实现，形成扎实的语言基本功，同时他们的商务专业素质与人文素养等方面得以提高，以及他们的思维能力、创新能力、跨文化交际能力等方面得以养成。针对学习任务分析，其设计形式比较多，这样一来，利于学生各种能力的培养，比如，交际能力、自主学习能力、合作学习能力等。再有，学习内容与社会热点话题应该紧密联系在一起，学生可逐步掌握这一技能，这一训练的各个环节都充分反映经济全球化时代的特点，能让学生深入了解时代的现状进行学习。这一训练中，大部分采用实际场景训练，让学生真正走入这样一个环境之中，充分感受在这个环境中需要做到的事情以及训练之中能让学生发现自己的不足从而进一步去学习并且掌握它，不断完善自己的知识结构，全方位掌握好商务英语中的一些基础的技能，在商务活动中能够轻松应对遇见的每一个问题。

三、商务英语教学平台开发的主要内容

商务英语主要包括国际商法、国际贸易实务、国际市场营销、国际商务英语、外贸函电、国际金融、国际支付与结算，以及英语的一些基本基础像精读、泛读和听力等。而我们的商务教学平台就必须根据这些内容去开发相应的学习训练，每一个环节需要我们去怎么做，怎么去掌握这些知识结构，怎么去运用于实践当中，充分掌握这些技能，在商务活动中做一个合格商务人才。掌握这些技能主要分为以下几个层面。

（一）用户界面层

对于用户界面层，作为一种媒介在商务活动中，基于此媒介，促进系统和客户之间

的交互，以及促进信息的交换等，在用户与硬件之间，设计了用户界面，基于此，他们能够更好地进行交互与沟通，进而顺利完成所需的任务。对于用户界面，往往使用在多个领域之中，总之，只要参与人类与机械的信息交流的领域均要用到用户界面。这一技能能够让学生在商务活动中轻松应对交接对口，实现双方的全方位链接。

（二）交互控制层

控制层是系统中最重要的一个层面，它主要负责回应客户的每一个请求，并且根据客户的请求完成回应，这一层面的位置是核心的，开发这以技术是为了方便在商务活动中减少一些人工应对，在很多固定的层面采用这一手段，从而达到减少成本，减少人为参与，也提供了实时的应对结果，方便了商业活动中的双方来往。

（三）业务逻辑层

业务逻辑层在商务英语中的位置很关键，它处于控制层与界面层中间，起到了数据交换中承上启下的作用。正因为如此，业务逻辑层的设计对于一个支持可扩展的架构尤为关键，因为它扮演了两个不同的角色。对于数据访问层而言，它是调用者；对于表示层而言，它却是被调用者。依赖与被依赖的关系都纠结在业务逻辑层上，如何实现依赖关系的解耦，则是除了实现业务逻辑之外留给双方的任务，商务英语中需要强调的是每一层之间的关系，在每一层与每一层之间建立一定的联系，层层进行实时的联系，以便于能及时应对不同的商业活动。

总而言之，随着时代的发展，信息技术也发展越来越快，为了促进国际贸易的发展，人们积极使用商务英语，这就需要有大量懂得商务英语的人才，所以，学校要不断培养这些人才，在学校让学生更好地学习商务英语课程，使其英文水平、能力不断提高的同时，习得西方的企业管理理念、工作心理、生活习惯等，只有这样才能顺应时代的发展。

第四章 商务英语翻译教学

第一节 期待视野下的商务英语翻译教学

作为接受美学理论核心概念的期待视野认为，作品只有读者具体阅读活动才能实现其价值和意义。读者拥有自己的阅读期待，这种阅读期待不断地调整、变化和发展。期待视野理论给商务英语翻译教学提供了全新的视角，为更新教育观念，提升教学效果，培养学生"三创"意识带来诸多启迪。

一、接受美学

接受美学理论。20世纪60年代兴起的接受美学理论，是由德国学者姚斯等人提出的文学批评理论流派，它打破了注重作者和文本分析的传统文学理论，把焦点放到文学作品的接受者——读者身上。接受美学以为，未被阅读的作品是一种"可能的存在"，"一部文本"，存在大量"空缺"，只有读者的具体阅读活动才能填补这些"空缺"，从而完成从"文本"到"作品"的转化。读者在阅读过程中不是被动地接受文本而是主动参与到作者的创作活动，读者的接受过程就是再创作文本的过程，从而确立了读者主观能动参与的核心地位。

期待视野。"期待视野"是姚斯接受美学中的重要观点，它指的是读者在阅读理解之前对作品的一种心理趋向，潜在地影响着读者对作品的接受。由于每个读者的文化水平、人生经历、艺术修养、思想情操、审美情趣等存在差异，以及读者阅读时的目标、动机、兴趣、问题等不尽相同，所以他们拥有各自不同的阅读等待，会对作品持有自己特有的理解。此外，读者的"期待视野"随着上述因素的变动调整而发展改变。

二、期待视野给商务英语翻译教学带来的启迪

翻译研究的发展与文学批评理论的发展息息相关。商务英语翻译教学从期待视野理论中得到重大启发。

翻译教学实践基于期待视野。在阅读文本之前，读者内心都会有某种期待，期待某些信息的获得，或期待某些审美情趣的获得。在翻译实践中，学生对文本的阅读是基于特定的文化素养、生活历练、审美兴趣等，他们在阅读和翻译活动中怀有各自不同的期待视野。因此，学生对源语言的理会和他们的翻译水平取决于各自的期待视野。在商务英语翻译教学中，直面期待视野的存在，设计留有悬念的教学内容，让学生产生期待，调动学习积极性，提高教学效果。

翻译教学实践中个体差异取决于期待视野的差异性。只有读者的具体阅读和翻译实践活动才能填补未被阅读作品中大量"空缺"，学生积极地阅读和翻译实践意味着对文本进行再加工再创造。此外，学生的文化水平、知识程度、生活历练等方面存有不同从而使翻译活动具有差异性。在商务英语翻译教学实践中，教师充分尊重学生的个性发展并注重他们创造力的培养。

翻译教学实践中培养学习者创新意识来自期待视野变化发展的特点。时间的推移、教育层次等因素的改变会对学生的文化修养、认知能力、审美情操、生活历练等方面产生影响，他们对原来的期待视野不停调整、修改、增补，从而产生新的期待视野，进一步影响阅读期待和翻译水准。姚斯认为，读者的阅读体验与自身期待视野相同，读者会觉得作品缺乏创意或刺激力不够而索然寡味。反之，作品的蕴意超出读者期待视野，他们会有兴奋感。在商务英语翻译教学，如果教师设计的教学内容超过学生的期待视野，学生会充满兴趣，教学内容顺利被接受，反之教学效果大打折扣。

三、期待视野下商务英语翻译教学创新实践

接受美学理论的期待视野运用到商务英语翻译教学，教师必须改变传统授课理念和教学模式。首先，教师应该合理安排课堂模式，创设商务英语翻译情境；其次，积极引导学生在阅读期待和翻译实践中与文本遥相呼应，产生共鸣，充分展现翻译教学创新理念。

科学对待"期待视野"，高效设计商务英语翻译教学。在未开始阅读文本前，读者心怀某种期待。在阅读过程中，当读者的阅读体验与各自的"期待视野"吻合时，读者会感到无味单调，因为文本缺少新意，刺激力不够；反之，文本的内容跨越"期待视野"，读者便会兴致盎然。因此，在商务英语翻译教学之前，学生心中对教学内容怀有期待，倘若教师设计的教学内容超过学生心中的期待，学生充满兴趣，投入而且非常配合教学。

例1：Both bed sheets and pillow cases in the factory are not available for the time being. 许多学生快速将此句翻译为"这家工厂的床单和枕套现在无货供应"。接着教师又提供另一例句：Neither bed sheets nor pillow cases in the factory are available for the time being。此时课堂一片哗然,讨论激烈,学生意识到前句翻译可能有误,因为他们对后句的翻译很有把握。因而教师向他们解释,前句是部分否定,后句是全盘否定。所以,前句正确的译文是"这家工厂的床单和枕套只有一种有货",而后句应该译为"这家工厂的床单和枕套现在无货供应"。教师通过这种导入式翻译教学法,不仅满足了学生的"期待视野",让他们既兴奋又折服;与此同时学生感受到商务英语翻译课所带来的快乐、新颖和挑战,激发了他们追求新知识的热情和动力。

例2:The engine didn't stop because the fuel was finished。这也是教师设计有关商务英语否定翻译的例句。同样,部分学生不屑给出译文"引擎停止运转是因为燃料耗尽"。其实这里有个否定表达结构 not…because,正确译文是"引擎并不是因为燃料耗尽而停止运转"。立马引起学生关注和投入,认识到自己英语知识水平有待提高,因为他们内心期待与正确译法落差甚大,从而大大提高了课堂教学效果。

例3:1.The canned goods are to be packed in cartons with double straps。

2.The piece goods are to be wrapped in craft paper, and then packed in wooden cases。

这是两个选自商务信函的例子,学生给出 carton 和 case 两词的译文都是"箱子"。但是两者意思有所不同,运用的商务语境会有差异,carton 常常指硬纸箱,而 case 用来指木箱。所以两句准确的译文分别为"罐装食品将以纸箱包装,外加两道箍""布匹在装入木箱之前要用牛皮纸包好"。教师做出合理的解释后,学生恍然大悟,兴致倍增,更加明白商务英语翻译的精准性。这里教师教学的设计超越了学生的期待视野,召唤并激发他们跨文化学习的热情;同时加深了学生追求知识的紧迫感,唯有不断增强知识储备能力,才能实现高质量的商务英语翻译和应对知识爆炸带来的挑战。

例4:Notice of particulars of shipment shall be sent to buyers at such time and by such means that the said notice shall be received by buyer within 7 days after shipment.

这是选自商务英语合同的句子,大多数学生采用直译法"卖方须在这样的时间和以这样的方式将装运详情通知买方,以便买方在装运日内收到装运通知"。该句中,两个较为模糊的短语 at such time 及 by such means,由于存在着英汉语言差异和文化差异,学生的直译引致语义丢失以及信息传递有误,产生了模糊信息。这种"语言差异"和"文化差异"正是期待视野中的"空缺",需要学生阅读翻译时去填补。因此,翻译时需对文本信息进行归纳转化处理,填补"空白"。准确的译文为"卖方须及时以适当的方式将装运详情通知买方,以便买方在装运日内收到装运通知",达到商务英语合同行文的要求,使译文意思明确。

例5:The medicine described is exercise, and it's emerging as a broad-spectrum tonic, recommended on a daily basis for nearly everyone from early childhood on up.

学生的译文是"这种药就是体育锻炼。作为一种疗效普及的健身药补，每个人差不多从童年时代起就被推举天天服用这种药补"。当时指出翻译有误，学生显得很茫然。乍看，句子很通顺，实则照搬了初稿词序，英语和汉语成分有时语序存在差异，如果一味地硬套势必造成译文含混不清。根据句子结构可知：it 做主语，指代的是 exercise，emerging 和 recommended 同属 it 的谓语部分。译文错误产生于 recommended 被误认为是 everyone 的谓语。正确的译文是"这种药就是体育锻炼。作为疗效普及的健身'良药'，差不多从每个人童年时代起，体育锻炼就受到推举，要天天'服药'"。学生对教师给出的正确译文既信服又兴奋。在商务英语翻译教学实践过程中，教师科学应用了"期待视野"理论，注重教学的亮点和重点设计，激发并满足学生的内心期待，从而对枯燥的商务英语翻译课产生了浓厚的攻读兴趣。

引导学生实现不断变化的期待，最大限度地发挥学生在学习上的主动性。学生在阅读和翻译进程中，对就学内容不是被动地接受，而是积极主动地剖析，学生的"期待视野"可能有些得到证实，也可能有些被否定冲破。在商务英语翻译教学中，教师应该及时而有效地帮助学习者找出"期待视野"被证实或否定的缘由，激励学生产生新的"期待视野"，激发他们强烈的求知欲。

"期待视野"会随时代的变革以及不同阅读者而发生改变。在商务英语翻译教学实际操作中，教师必须及时更新授课内容，紧跟时代的步伐，以便极大程度满足不同时期各层次学生的"期待视野"，大大提高教学效果。

尊重"期待视野"的个体差异，培养学生创新创造创意理念。不同读者具有各自不同的"期待视野"。在商务英语翻译教学实际操作中，教师充分尊重学生的个性特点和注重学生创新意识培养，每个学生对同一翻译作品会有不同解读，教师帮助学生分析他们不同接受的缘由，构成新的"期待视野"。活跃、宽松、开放的课堂教学氛围非常重要，教师多给学生提供更多更大的发展创新空间。教师成为学生学习知识的引路人，鼓励他们积极参与课堂活动，对所学知识产生浓重的兴致并引发求知欲，维持莫大的求学热情，进而引导他们进行创造性思维进程中努力做到求新求异。

接受美学理论的"期待视野"运用到商务英语翻译教学实践中，为商务英语翻译教学带来了全新的思想，让学生变成学习的真正主人。教师可以站在崭新的角度设计讲堂教学活动，通过授课设计，凸显学生在课堂学习中的主体地位，彰显学生的创造能力和创新理念。"努力形成人人渴望成才、人人努力成才、人人皆可成才、人人尽展其才的良好局面，让各类人才的创造活力竞相迸发、聪明才智充分涌流。"

第二节 提升商务英语翻译教学质量探析

全球经济一体化的背景下，国家之间的交流日益频繁，对商务英语翻译人才的需求量也不断增加，然而，高校培养出的商务翻译人才无论从数量还是质量上都不能满足市场的巨大需求。结合商务英语的特点及商务英语翻译教学现状，对商务英语翻译教学中的问题进行分析，提出一些解决困境的方法和策略。

在全球经济一体化的背景下，中国的经济发展同世界的经济发展联系更为紧密了。单一的英语专业人才已无法适应当今市场需求。面对这种经济形势，我国急需一大批实用型商务英语翻译人才，并对翻译人员的能力及综合素质提出了更高的要求。然而，高效商务英语翻译教学存在一些问题，需要引起注意。

一、商务英语翻译教学现状

商务英语属于专门用途英语，有关资料显示，专门用途翻译占据了所有翻译活动的70%，显示了商务英语翻译活动的重要性。英国商务英语专家布里格尔（1997年）指出："商务英语应包括语言知识、交际技能、专业知识、管理技能和文化背景等核心内容。"由此可见，商务英语的学习要求及教学目的不能只停留在获取语言知识层面，更应注重培养学生的综合学习能力。

除了英语语言基本功以外，商务英语主要是国际贸易知识储备，提升商贸沟通能力，综合素质和临场应变能力。目前，商务英语翻译教学未能摆放在一个重要的位置，高校商务英语翻译教学方法和教学计划也存在许多问题。如：商务英语翻译教学计划安排不合理，商务英语翻译教师严重短缺，商务英语翻译缺乏应有教学方法等。

二、商务英语翻译教学中主要问题分析

教学计划安排欠妥。翻译教学的整体教学计划非常重要，商务英语翻译教学安排既要体现其实用性特点，又要考虑到前后的逻辑关系，而商务英语翻译教学缺乏全国的教学大纲，在教学过程中虽使用了相应的翻译技巧，没有总的框架和计划安排，在学生进行各阶段的学习时及相关知识点会重复出现，直接严重影响了教学效果，也使学生的翻译学习积极性大打折扣。

商务英语翻译教师短缺。何刚强教授在首届全国翻译专业建设圆桌会议（师资建设

专题）上提出："翻译专业教师须有丰富的翻译实践经验，精通翻译的一般策略和技巧。翻译专业教师须有宽广的翻译理论和视野，熟悉译论的国内外发展动向。"现有商务英语翻译课的教师大多数属于知识结构单一的语言或从事翻译教学的教师，语言基本功较为扎实，但缺乏商务专业知识，没有任何相关培训和进修的经验，有些教师甚至是开始授课之前，才匆忙研究商务专业方面的知识，商务英语翻译教学难以达到应有效果。

缺乏有效商务英语翻译教学方法。毋庸置疑，现有教学模式单一，课堂氛围沉闷，教学方法和手段创新不够。大多教师仍然采用传统教具结合少量的 PPT 教学，大量时间用在学习语法和语言结构分析上，学生在课堂上仅有少量时间进行商务翻译训练，这种单一教学形式无法调动学生的积极性，商务沟通能力和语言交流能力得不到应有的培养，培养出符合商务活动需要的商务翻译人才难以实现。

三、商务英语翻译教学实现途径

完善教学计划和教学大纲。商务英语翻译教学已列入我国高校外语教学大纲中，高校的商务英语翻译课程的教学效果却不太理想，主要原因是传统的教学大纲已无法满足时代的现实需求，必须尽快制定一套科学、可行性强和教学目的明确的教学计划来指导高校商务翻译的课程教学，该计划应包括学校的教学理念和宗旨以及教学方法和目标。

该计划应将商务专业知识点与翻译理论与技巧有机地结合，让教师明确其教学内容，达到相应的教学效果。另外，应鼓励教师有针对性地教学，根据学生不同学习阶段的不同要求，从不同角度讲授翻译技巧和商务知识，将语言技能、专业知识和实战练习有效融入商务翻译的教学过程中，实现该课程的系统性、综合性和科学性。

打造一支过硬的师资队伍。商务英语翻译是一门商务知识与语言应用相结合的复合型的技能课，任课教师不仅需要有扎实的理论知识和教学经验，还应该有丰富的商务实践经验，高校最好能请到一些曾经担任过商务口译的口译工作者来担任主讲教师。

选拔一批教学上优秀的英语教师，鼓励他们学习商务专业知识，到外贸企业挂职锻炼，定期召开教研会议，交流教学经验与体会。

教师应制定商务英语翻译培训和进修计划，学校提供学习和进修的机会，不断加强教师对商务英语翻译方面的能力培养，并对获得相关专业学位或相关证书的教师给予适当鼓励和物质奖励。

尤为重要的是，教师应将商务知识储备、商务术语和互联网技术三方面的知识有机结合起来。全方位地提升师资质量，才能更好地实施商务英语翻译教学。

教学方式多样化。提升商务英语翻译教学方法的根本在于，以学生为主体进行教学活动安排，不断激发学生的学习兴趣及学习积极性。在教学中，可利用各种多媒体来辅助教学，利用音频和视频文件向学生展示实际工作中可能会遇到的问题。

加强与各企业单位深度合作，高校可选择与相关对口企业合作，根据企业需要有针对性地培养学生的商务英语翻译能力，在实践中提高自己的翻译能力。可设计在某一个企业中一个小型商务口译模拟情景，让学生以小组的形式展现出来，并要求学生进行现场口译，然后教师对其点评。

此外，教师也可采用专题讲座的形式邀请各知名企业人士与学生进行面对面交流，增强学生对课程的感性认识，充分调动学生学习积极性，进一步激发学生的学习潜能，将理论和实践有效地融合在一起。

综上所述，随着经济全球化的深入，我国对于高素质的综合性人才，优秀的商务英语翻译人才的需要持续增加。商务翻译教师必须清醒地意识到，商务英语翻译教学的目标是培养符合市场需要的应用型人才。

从商务英语翻译教学现有问题出发，有针对性地提出解决商务英语翻译教学的相关策略，旨在提高高校商务英语翻译教学质量和翻译人才质量，满足我国经济建设需求，是教育工作者面临的重要任务之一。

第三节 4Es标准下商务英语翻译教学革新策略

随着经济全球一体化发展，商务英语翻译人才需求与日俱增。但当前商务英语翻译教学仍存在教材内容不完善、师资力量不足、教学手段滞后等问题。对照4Es标准，未能有效体现出语义、文体、文化及商务功能的对等，而上述对等标准是商务英语翻译中必不可少的要素。因此，结合4Es标准，创新商务英语翻译课程教学，具有重要的现实意义。本节从师资队伍、教学理念、教学手段、教学内容四方面入手探究，促使商务英语翻译教学与4Es标准有机融合。

随着经济的发展，商务英语翻译的作用也日益彰显，这便要求翻译过程要保障文本信息与商务功效的对等。4Es标准将商务英语翻译对等要求进行整理，以语义、文体、文化、商务功能为基础，对商务英语翻译提出更高的要求，以保障翻译结果获得商务活动双方的肯定，从而促进商务贸易的合作达成。因此，探究4Es标准下商务英语翻译教学的革新策略具有重要的意义。

一、商务英语翻译的特征及 4Es 标准的含义

商务英语翻译的特征。商务英语翻译在发展过程中逐步涉及法律、贸易等细节性内容，因此商务英语翻译具有特殊性与多重性等特征。同时，商务英语翻译还需具有明显的商务特征，在翻译时可结合不同翻译内容及翻译环境采取合适的手段进行，因此，要求译者不仅要了解不同商务信息的内容，还需了解对方国家的文化、对方企业的营销特征，促使翻译结果实现语义、文化方面的对等，从而吸引读者的目光。同时，商务英语翻译的语言要求严谨，不可出现模棱两可的语言，从而保障商务贸易顺利开展。

4Es 标准的含义。4Es 标准主要体现在语义信息、文体信息、文化信息、商务功能的对等。首先，语义信息主要包括翻译文本内容的传递，具体可分为表层传递与深层传递两类，表层传递指字面信息的理解，深层传递指语言中包含的信息内容。其次，文体信息主要指商务英语翻译中需保障翻译结果与翻译场合的适配性，同时也需注意信息传递方式的合理性，从而避免出现与原文体信息不符的译文。再次，文化信息对等则主要指不同翻译文本需与对方国家的文化相结合，从而使翻译结果更易被对方国家所接受。最后，商务功能的对等主要指商务英语翻译中商务信息的传递需满足商务活动的目标要求。

二、基于 4Es 标准的商务英语翻译教学原则

优化语义信息理解深度。4Es 标准下商务英语的语义信息并非单纯的浅层含义，而是在加深相互理解之后，通过交流而产生的合作意向或意图。如果无法深刻解读合作方的实际需求，商务英语的翻译质量也会大打折扣。因此，就语义深层信息的发掘，成为商务英语教学的本质需求。必须秉承优化语义信息理解深度的基本原则，才能有助于强化其教学质量。在部分英语教学活动中，并未将商务英语的特殊语境加以分析，以至于学生在理解深层语义信息时存在模糊界定。这种对于语义信息解读并不全面的教学引导，实质上对于学生的辅助效果微乎其微，并不足以提高商务英语教学质量。因此，需要对语义信息理解深度的教学内容加以强化，才能促进商务英语翻译教学内容的需求性得以满足。

加强文本信息解析能力。文本信息在商务英语翻译活动中基础工作量最为繁重，也是学生在职业生涯中必须经历的初期成长过程。就文本信息的实际作用而言，更加倾向于特定场合下的解读效果，是分析和判断性的翻译支持。国际商务活动中，以文本内容作为最终的决策信息，而落实于文本中的相应条款也是加强合作的基础条件。其翻译人

员的任何疏忽都可能造成双方合作的障碍，文本信息的再现效果不足会影响商务活动的开展。因此，加强文本信息的解析能力也是对于商务英语翻译教学的特殊要求。需要教师以特定的商务活动背景，以及多元化的参考范式，引导学生思考文本信息中所传递的内容是否具备较高的合理性，才能保障翻译文本信息具有更高的应用价值，是凸显原文内容在商务活动中可利用率的重要标准。因此，在增强文本信息适配性的要求下，需要履行加强文本信息解析能力的基础教育原则。

拓展文化信息价值取向。由于商务活动国际化路径积极拓展，不同国家和地区的文化背景成为跨文化交际中的主要障碍。消解这种障碍成为商务英语翻译的必要参考范畴，而其中最为关键的优化方向便是文化信息对等。因此，在商务英语教学过程中，其翻译练习本身也需要联系实践活动，并以合作国家的政治文化背景为教学导向的前提。在学生了解翻译文本的对象时，首先应当引导学生从文化角度审视交流层面的诸多形成条件与制约因素。因此，就文化信息的价值取向角度分析，文化渗透效果越好，其界定的文化内容越容易被合作国家所接受，是商务应用教学的必要拓展方向。需要全面考察学生对于各个国家、地区、民族的文化比较了解程度，从而辅助学生奠定翻译活动的文化基础，才能支持学生的翻译作品被合作方所接受，支持翻译效果在实践应用中的文化信息价值取向得到认可。

增强商务功能应用引导。商务英语翻译必须具备商务功能，既是对于商务活动的服务，也是对于促进合作基础条件的支持。因此，4Es 标准对于商务功能的界定范畴尤为宽泛，是赋予传递信息商务活动价值的诸多表现。就翻译时效性而言，商务功能需要具备较高的翻译速度。就翻译质量而言，不可以出现重复性过高或者理解性不清晰的模糊语义。就促进合作的角度而言，仍然具有文化背景或潜在合作意向的主导作用。需要以学生的翻译文本和信息，透露出具有服务意识的翻译效果，同时包含在合作意识的浅层语义之中。因此，商务英语翻译教学，也应当注重增强商务功能应用引导的作用，从而提升学生翻译品质。在本质上突出翻译内容与实践需求的契合度，从而完善教学内容与商务活动的协调性，支持教学维度在翻译实践活动中的表现力度。才能进一步支持商务英语教学方法的革新，为学生创建更加契合商务活动的基础教学内容与练习方法。

三、4Es 标准下商务英语翻译教学存在的问题

教材设置不完善，文化对等体现缺失。商务英语翻译课程设置起步较晚，其教材编写质量也不尽如人意。大多商务英语教材仅是对商务英语中合同、广告等内容进行介绍，并通过语法、词汇的教学来进行翻译教学。教材的练习内容也大多是将与商务相关的资

料进行堆积，没有过多的讲解，仅有参考答案。这导致教材内容不具备指导性与系统性，且理论与实践相脱节，学生无法学习到翻译技巧，也未能有效了解不同国家的文化背景，最终导致文化对等体现缺失。因此，教材设置不完善限制了商务英语教学的进一步发展，文化对等体现缺失也阻碍了学生对于多元文化的理解。

师资力量不足，商务功能对等体现缺失。当前英语翻译课程教师需具备三个方面的能力，首先是专业知识，主要指翻译技巧；其次是教学能力，包括与学生的交流与多媒体应用能力；再次是科研能力。而商务英语翻译课程教师不仅需要具备上述基础能力，还需具备一定的商务技巧。但大多教师不具备商务能力，不仅没有接受过商务专业学习，也未参与过商务活动，这导致商务英语翻译课程中翻译与商务脱节。此外，也有部分教师没有翻译实战经验，在教学时大多偏重于理论知识的传授，学生学习效率较低，商务功能对等体现也较为缺失，翻译水平无法提升。因此，在师资力量不足的情况下，4Es标准实际上并不容易完成，是提高商务英语教学水平的主要障碍，并且严重影响了商务功能对等的充分体现，是教学能力受到干扰和限制的主要因素。

教学手段滞后，学习效率较低。当前商务英语翻译人才培养以语言讲解为主，传统的翻译教学法与交际语境相脱节，无法满足学生学习需求，也无法有效提升学生翻译水平，更与社会对商务英语翻译的需求相脱节。此外，我国商务英语翻译教学的课程设置具有一定的随意性，教学规划不够清晰，教学目的也无法有效达成。同时，商务英语翻译教学方法以教师为主体，将教材作为载体，教学手段以"一言堂"形式为主，学生与教师的交流较少，实践内容也无法达到教学目标。学生学习主动性与积极性无法调动，学生创新思维、解决问题的能力与学习主动性无法得到有效提升。因此，教学手段滞后是影响4Es标准无法深入商务英语教学体系的主要限制。而学习效率较低也是无法支持学生充分训练的主要障碍，必须加以克服才能保障4Es标准的落实，实现对学生商务英语翻译能力的积极培养，达到预期的教学指标和优化条件。

四、4Es标准下商务英语翻译教学的革新策略

完善师资队伍，商务与翻译并重。师资队伍是教学过程的基础，因此，为了保障商务与翻译的并重，需要完善师资队伍，提升教师教学水平。首先，可招募商务英语翻译人才，以充实教师队伍，职业化商务英语翻译人才具有较丰富的翻译经验，同时也更了解职业需求。其次，还需通过各类方式提升教师的翻译水平，可为教师提供实践的机会与平台，并开展教学合作与创业活动，从根本上提升教师的教学水平，并使其成为职业化翻译人员，即名副其实的商务英语翻译教师。再次，还可开设翻译教学研修课程，为

没有经历过翻译学习的教师提供学习场所。就目前而言，可以发挥当前社会资源优势，将外研单位与名校作为依托，为翻译教师提供分层次的培训，使其理论与实践能力皆有所提高，从而使翻译教师的教学思路更加开阔。此外，商务英语翻译还需将商务作为教学重点，因此，教师还需提升自身商务水平，注重听说读写等技能的提升，加强英语语音、句法的学习，并了解商务领域的专业知识与技能，例如合同翻译、经济翻译、信函翻译等。教师亦可主动参与商务活动，从实践环节了解商务翻译中需要注意的内容，从而为商务英语翻译教学奠定基础。

创新教学理念，教材与教学大纲并重。传统教学理念无法满足商务英语翻译教学需求，因此，教师需要创新教学理念，重新编撰教材与教学大纲，从而满足学生学习需求，提升学生商务英语翻译水平。首先，教师需将教学作为知识传授的过程，要求教师结合学生学习水平与自身经验设计课程。同时，还需在基础知识传授的基础上，不遗余力地培养学生自主学习能力与创新思维，真正做到"授人以渔"。因此，在教学大纲中不仅要设置翻译基础知识，还需加入实践活动与文化内容，从而保障 4Es 标准中文化与文体信息的对等。此外，还需编撰与教学大纲相符的商务英语翻译教材，在编撰教材时需要将语言作为基础，使翻译教学与语言学相融。然后，还需重视翻译学理论，选择翻译文本，注重翻译材料的时代性与真实性，将跨文化内容与语言翻译技巧融入翻译材料中。突出学生发现、解决问题能力的培养，使学生在利用教材时，可结合教师的启发，去发现、探索翻译过程，防止出现传统教材中重视结果、忽略过程的问题。

创新教学手段，理论与实践并重。4Es 标准中，文体信息的对等与语义信息的对等十分重要，因此需要创新教学手段，将理论与实践置于同一水平线上。为此，可通过项目化教学手段将学生作为教学中心，创建具有特色、与实践结合的教学模式。首先，教师可将学生分成小组，选出小组组长，成立虚拟翻译工作室，由教师向学生下发翻译项目，以工作室为单位，自行做好准备工作。充分利用现代信息化资源收集与商务英语相关的翻译材料，并上传至学校或班级的公共网站与邮箱中，供学生下载、学习。同时，还需引导学生了解商务语言特点，讲解翻译原则与翻译方法，从翻译层面进行提升。其次，教师还可利用多媒体课件布置翻译任务，展示中英文商务资料，要求各工作室进行互译，教师给予合理、恰当的评价。教师还需进行项目考核，针对工作室完成任务的情况进行评选，开展项目拓展训练，为商务企业进行英语翻译。在实践活动中，可有效提升学生翻译技巧，了解不同翻译环境中所需的文体内容，提高其商务英语翻译水平。通过理论与实践的结合，实现文体信息与语义信息的对等。

丰富教学内容，语义与文化并重。4Es 标准中提倡语义信息的对等与文化信息的对等,因此在教学时需注意语义内容、翻译技巧、文化内容的讲解与传播。首先,需要提高学生的翻译能力,使其学习翻译理论、翻译标准与翻译技巧,让学生了解翻译实际是一个再创造的过程,要求学生在原文的基础上利用翻译技巧对原文进行再创造,使读者对原文内容有一个最准确的了解。翻译策略主要有增译、减译、改写三类。而在商务英语翻译活动中,学生还需掌握商务知识,利用上述翻译策略将原文生动展现。其次,还需加强学生跨文化知识的培养,提升跨文化意识。不同国家具有不同的文化习俗,因此要求学生在掌握商务知识的基础上,还需充分了解不同国家的文化习惯。使学生明确翻译过程实际上是一个语言与文化的转换过程,因此,在讲解商务交易注意事项时还需了解对方国家的文化背景,只有了解文化内容,才能有保证翻译结果的准确性,减少文化差异所造成的误解,实现 4Es 标准中语义信息与文化信息的对等。

第四节 框架语义理论视阈下的商务英语翻译教学

商务英语作为一种特殊的语言变体,具有极强的专业性。随着日益密切的国际经济贸易往来,商务英语翻译扮演着越来越重要的角色,越来越多的学者也在商务英语翻译教学上进行不断的探索。框架语义理论给学者以新的视角,结合商务英语翻译的特点,探讨框架语义理论指导下商务英语翻译教学势在必行。

近年来,我国对外贸易活动日渐频繁,商务英语翻译作为对外经济活动一个必不可少的方面,其需求也在不断扩大。因此,许多大中专院校纷纷开设了商务英语专业,设立商务英语翻译课作为选修课或者是必修课,商务英语翻译的研究也出现了极大的发展。归根结底,商务英语翻译还属于"语义"的转换。认知语言学的发展,在词义推理、词汇意义等方面给予了学者极大的启示,诸如图示理论、范畴化理论等已被广泛应用于商务英语翻译教学当中。框架语义理论作为认知语言学的一个重要组成部分,在商务英语翻译中也有其独特的理论指导意义。

一、框架语义理论的概念

"框架"的概念最先由菲尔墨提出。当时语言学界用来分析语言概念结构的主流理论是结构主义的语义学,最为突出的则是成分分析法。根据成分分析法这一理论,词义是由一组语义成分组成的。例如,"男人"可分析为"人类""成年"和"男性"三个语义成分,而"女人"可分析为"人类""成年"和"女性"三个语义成分。成分分析法就是这样帮助人们更好地理解语义。然而，这一理论也存在着问题，例如对于"男人"和"女人"，性别是区分二者的唯一标准。但是莱昂斯曾做过一个非常有意思的分析，如果问一个小孩，男人和女人的区别在哪里，他可能会说出许多特征，比如头发的样式、衣服的样式、平常的行为等等。因此，仅仅是在大多数成人的观念中，性别是区分男人和女人的唯一标准。莱昂斯的这些分析说明了要把构成成分说成是最小的意义单位是困难的。在这种情况下，菲尔墨提出了框架语义理论。在框架语义理论中，显像指的是词语象征的概念（我们常说的指称意义），它通常被称为概念显像；框架是一个表征各类体验的概念工具，但也能被看作是概念成像所蕴含的概念结构或背景知识。菲尔墨曾这样定义"框架"这个概念，"当使用'框架'这个术语时，我心里想到的是一个互相联系的概念体系，对这个体系中任何一个概念的理解都必须依赖对其所属的整个结构的理解"。从某种程度上来看，语言的意义不在于语言本身，而在于许多认知活动所构成的框架之中。

商务英语是依靠英语为基本语言进行国际商务活动的专门用途英语，其内容涉及英语基础知识、商务专业知识、行业习惯、民族习俗、人际关系技能和处事技能等。商务英语从普通英语而来，既有普通英语的语言特点，又有商务知识，即是商务知识和一般英语的综合体，因而具有独特性。商务英语翻译课程是一门综合技能课程，结合了基础商务知识和英语技能培训，旨在培养学生综合运用英语的基础知识、商业知识、行业专业知识和翻译技能，以便达到在国际经济贸易活动中有效传递商业信息的目的。因此，商务英语翻译并不是简单的语言转换，而是在具体商业背景下进行的跨学科、跨文化交际。虽然都属于英语翻译，但是商务英语翻译由于其专业性和特殊性，表现出其不同于普通英语翻译的特点。

在商务英语文本中，译者通常会发现许多日常能见到的或是经常使用的词汇，但是这些看似相熟的词汇往往与我们熟识的意思相距甚远。同一个词语在不同类型的商务文本之中有着不同的含义和解释，那么在翻译的过程中，译者就要具备良好的专业背景知识，否则就会造成误译或错译。例如："credit"在不同的句子中有"荣誉""贷方""贷款""赊账""银行户头""信誉""信用证"等不同的含义。

商务英语与商务专业知识密切相关，因此在商务英语文本中有着十分丰富的专业术语。如缩略语 A/P（应付账款）、B/L（提货单）、B/E（汇票）、L/C（信用证）等；专业词汇 stocks（存货/库存量）、port of discharge（卸货港）、documentary credit（跟单信用证）、counter offer（还盘）等。

商务英语由于其本身具有准确、得体的特点，译者在进行商务英语翻译时也往往着重于译文的得体恰当。在商务英语翻译中，有许多固定的句式，熟知这些句式能帮助译者更好地进行商务英语翻译。例如："So far, all our purchases from you have been paid by confirmed, irrevocable letter of credit. 迄今为止，我方向贵方订购的全部货物都是采用的保兑的、不可撤销信用证付款。"商务英语的句式正式，且较为单一，大多数句式可以说是"一通百通"，只要掌握了一个句式的翻译，很容易举一反三。

同时，在某些商务文本如商务信函的翻译中，一定要强调"得体"原则。无论是作为买方还是卖方，商务英语翻译都要充分尊重对方，尤其是在外贸函电中。例如："We are in receipt of your letter"就可以翻译为"贵公司来函已收悉"，这样就显得礼貌得体。

商务英语与一般英语的区别在于其严谨精确，由于商务业务往来之间涉及金钱利益和法律责任，一字之差就可能酿成大错，所以商务英语翻译一定要突出强调"忠实原文"，以免给买卖双方造成损失。尤其是在涉及违约条款及事项时，译者必须更加严格认真对待，即便译文比原文长，也必须要准确，严格忠于原文。

二、框架语义理论指导商务英语翻译教学的可行性

翻译不仅是两种语言文字之间的转换，而且还是一种跨文化信息的传输。著名翻译学家奈达认为："所谓翻译，是指从语义到文体在译语中用最切近而又最自然的对等语再现原语的信息。"翻译首先强调的是意义。商务英语涵盖经济活动中的所有领域，在不同的商业活动中，同样的词汇可能会呈现不同的意义。框架语义理论作为近年来比较热门的一个理论学说，在其指导下，商务英语翻译教学能够得到更好的发展。笔者之所以这么认为，是基于以下两点。

传统翻译模式与商务英语翻译教学有冲突。笔者在调查中发现，许多学生在做翻译时无外乎用两种办法：第一种就是字对字、词对词的翻译。学生弄清楚原文中每个词语的意义，然后再把它们连接起来就得到整句话的翻译。第二种就是一些英语专业的学生所采用的办法，即他们首先分析句子结构，然后把句子分成几部分再进行翻译。这两种办法都与教师长期以来所教授的模式息息相关。第一种就是教师虽然注重了每个单词的词义，强调翻译中"意义"的重要性，但忽略了句子结构，只是教会学生对单词的意义简单叠加，然而这与好的翻译所要求的标准相距甚远。而第二种教学模式就是教师在课堂中教会学生如何分析句子结构和语法结构，然后告诉学生答案，让学生作对比。这两种教学模式无论是在形式上还是内容上都与商务英语翻译教学相冲突。

首先，商务英语翻译不同于普通英语翻译，它具有专业性、严谨性和准确性。同时一词多义现象也广泛存在，商务英语中的许多单词都是人们日常经常见到和使用的，但

是在商务英语文本中却有着完全不同的意义。例如"interest"这个词，人们常用的意思是"兴趣、爱好"，然而在不同的商务英语文本中却有着不同的意义。例如：（1）"Enclosed for your interest is our new brochure which summaries：BIP products and services. 附上我们新出的小册子，供贵方参阅。该册子综述了 BIP 公司的产品和业务情况。"（2）"Packing is a matter of great interest to our end users. 对最终用户来说，包装十分重要。"这两个例句说明"interest"这个单词在具体的商务英语文本中不能简单地翻译成其使用用途最广泛的意义"兴趣、爱好"。因此，商务英语翻译教学并不只是简单的单词意义叠加。

其次，虽然分析句子结构是一种不错的翻译方法，尤其是针对商务英语文本中许多长难句、被动句的情况，但是不了解专业术语的翻译始终是存在局限性的，学生只是简单地翻译出了他们所知道的原始语义而没有进行复杂的推理和整合。众所周知，翻译是翻译者解释源语言并构造目标文本的过程，这是将文本与情境、社会和文化背景以及自己的经验联系起来的过程。所以单单注重句子结构分析也不能做好商务英语翻译。

框架理论指导与商务英语翻译教学相契合。框架语义理论中最重要的概念就是"框架"。什么是框架呢？意义的确定必须参照一定的背景知识体系，而且这一背景知识体系反映理解者的经历、信念和实践。其中所提到的"背景知识体系"就是框架语义理论中所提出的"框架"。所以说商务英语翻译和框架语义理论是相契合的。因为商务英语本身就是普通英语的一种特殊变体，是用来进行经济往来和贸易活动的一种专门用途英语，这本身就是给商务英语这个概念划定了一个框架，那么商务英语翻译就是在这样一个"框架"中进行的，这正好与框架语义理论不谋而合。那么在商务英语翻译活动中，在解释原始文本时，翻译者必须在特定语义框架中理解原始文本的每个单词。在目标文本的构造中，翻译者应根据由原始文本中的每个单词提供的语义框架来再现或重构目标语言中的语义框架。例如："Without prejudice to any rights which exist under the applicable laws or under the Subcontract, the Contractor shall be entitled to withhold or defer payment of all or part of any sums otherwise due by the Contractor to the Subcontractor." 这句话中的"prejudice""withhold""defer"和"due"都是多义词，但是这句话中的其他信息能为它们提供具体的语义框架。在这一句中，有"承包商""付款"和"分包商"的框架，在这样的框架下，"prejudice"必然不会是人们常用的释义"偏见"，而应该是"损害"。由于"withhold"和"defer"与"payment"构成一组动宾结构，也就不难推测其"保留"和"推迟"的释义。因此，做好商务英语翻译，首先必须有商务英语文本所构建的框架，在这一框架中推测出一词多义的具体释义。教师只有这样引导，学生才能更好地进行商务英语翻译活动。

框架语义理论在一定程度上与商务英语翻译有契合之处。在框架语义理论的视阈下进行商务英语翻译教学,指导学生构建具体语义框架,在具体的语义框架下进行句子结构分析、语法分析和词汇语义分析,教师需要扩充学生具体的知识面,例如商务信函、外贸跟单、国际物流等方面;同时也要对学生加强认知能力等方面的训练,提高学生的逻辑推理能力、组织能力和联想能力等,只有这样才能够更好地进行高质量的商务英语翻译活动,以保证翻译内容的准确性和得体性。

第五节　基于经济一体化下的商务英语翻译教学

根据相关调查资料得知,在世界上有很多国家在日常生活中都习惯使用英语,并且英语的普及率越来越高。从经济发展的趋势来看,随着经济一体化的加深,商务英语作为商务活动中必须使用到的一门专业化语言,其学习和应用必然会得到重视和发展。这也就对我国高校商务英语专业的教学质量提出了更高的要求。本节通过分析经济一体化大背景下,商务英语的课程体系特征和目前教学过程中存在的问题,提出了切实可行的解决意见。

一、商务英语翻译课程体系特征

在我国的教学体系中,英语很早就被纳入了教学重点,这与我国的国情也是密不可分的,商务英语翻译专业本身就是在普通英语课程的基础上发展而来的,它不仅需要学生具备最基础的英语专业的口语、听力和书面写作等能力,还需要懂得企业商务翻译、商务谈判、心理学等知识,与普通的英语专业相比,其所需要的知识更为综合,具有专业性和实用性的特点。我国的经济发展水平与发达国家相比还是有一些差距,但是在经济全球化的背景之下,我国的经济发展机遇也很大,对商务英语翻译专业的人才需求量也越来越多,但是高质量的翻译人才培养工作是当今高校教学所欠缺的。商务英语翻译在国际贸易中,是各国交流的工具,受到各行各业很高的关注。详细了解商务英语翻译专业的特点,是提升商务英语翻译专业的教学效果,更好地培养复合型人才的基础。

商务英语专业也有自身的特征,主要表现在以下两点:第一,重视普通英语语言和商务专业知识的结合,需要学生学习很多的商务英语相关的专业术语的翻译词汇,能够熟练和准确地翻译商务内容相关的资料和信息。学生也需要牢固掌握经济相关的专业知识和商务活动中基本的知识,以便很好地进行商务相关的翻译工作;第二,与传统的英语学习方式和内容相比,商务英语专业的学习难度和翻译技巧等要困难很多,为减少工作当中的失误,翻译工作者应当将资料的字面意思和深度含义都翻译出来。从商务英语课程的特征来看其课程体系,商务英语翻译的课程体系主要有以下两个方面特征:

首先,以培养商务英语翻译人才为目标。从分析商务英语的特征可以得知,商务英语具有较强的专业性、实用性,并且其要求较高,在进行书面翻译的时候,格式要求较高。高校商务英语翻译专业的毕业生,应当是既懂得英语知识,又会商务知识的复合型人才。因此,高校在进行商务英语翻译教学工作的时候,需要着重培养学生的英语学习能力和在商务活动中进行笔译和口译的能力。在教学过程中应当对学生加强基础的英语知识学习,并且也设置商务知识的课程学习,向学生多讲解商务英语翻译专业的英文单词、短语等,传授商务英语翻译和一般英语学习的区别,以及商务英语本身的特点,使学生可以对商务英语翻译的工作有一个很好的把握,能够准确快速地对商务信件、合同等资料进行翻译,并且在商务谈判中可以熟练地运用一些谈判技巧。

其次,将语言能力和专业能力相融合的培养方式。商务英语翻译专业是传统英语学习和商务知识学习相融合之下的专业,因此,在对此专业学生进行教学培养的时候,应当采用一般英语知识教学和商务专业知识相结合的教学方式。好的传统英语翻译学习是英语商务专业学习的基础,只有英语知识扎实,才可能和商务知识相结合,才能学习好商务英语专业的知识。第一,商务英语翻译的课程设计要将学生的口语发音、阅读理解、词汇掌握和表达能力等的学习训练加入进来,也就是重视听、说、读、写、译能力的学习。只有熟练地掌握这些基础知识,才能够对商务英语翻译的书面写作和口语表达有利。由于商务英语有其自身的特性,因此,在学习的时候要注意把握其中的差异。第二,还应当注重培养学生对于西方国家传统文化习俗的学习,以便可以对英语有正确的理解,在此基础上培养学生学习商务专业的英语方面的专业词语以及商务知识的专业性表达。除此之外,还要设置翻译学的理论知识学习,掌握翻译的技巧,然后学习国际贸易、市场营销和经济学知识。

在商务英语翻译教学中,课程教材的选择对于教学的质量和效果有着至关重要的作用,教材的好坏和内容是直接影响教学的成效的。但是就我国商务英语翻译专业的教材来看,其出版数量较少,大部分是针对普通英语教学的教材,没有商务英语翻译专业的专业性教材,并且质量比较低下,教材的覆盖面比较窄,仅仅包含简单的商务知识,没有突出商务英语翻译的专业性。这就给老师在教学过程中带来困难,老师需要按照既定教材内容进行授课和讲解,很多时候讲解的内容仅仅停留在简单的理论阶段,没有结合商务英语专业的实际特点进行讲授。学生在学习过程中也缺乏实地的商务英语翻译工作学习，不能了解企业实际对商务英语翻译人才的具体要求，进而不能更好地改进自己，提高自己的综合素质，在就业时就没有更好的选择。

老师是进行教学的主体，老师是学生学习方向的主导，这一种观念是不合理的，其对课堂教学是质量和含金量是有重要影响的。提高高校教师队伍的综合素质是提升商务英语翻译教学质量的关键。很多英语专业教学的老师只是英语专业的素质较好，对于商务知识了解得较少，在对学生进行授课的时候就会比较单一，学生不能掌握较为综合的知识。商务英语翻译专业是老师首先应当具备英语专业的基础和专业知识，其次应当具备教学能力，最后应当具备商务知识。但是，当前我国的院校缺乏这样综合素质较高的教师队伍，主要原因有两个：一是商务英语翻译课程专业性与应用性较强，在此专业教学上需要具有较高素质的老师，但是大多数老师知识一般英语专业毕业的教师，缺乏相关在企业的商务活动工作经验，造成教学质量低下。二是在经济一体化背景下，英语商务翻译工作是一门顺应社会发展而产生的学科，许多老师在进行教学时没有相关的教学经验，老师在授课时抓不到重点。以上原因都使得高校商务英语翻译专业的教学质量不佳。

以前传统的英语专业的教学模式比较单一，只是简单地对学生传输一些教材设计所必须讲授的知识，难以满足学生真正的需求，不能调动学生的积极性。老师在授课的时候习惯于使用以前的教学方式，其内容往往与课程设计脱节，在限定的教学时间之内，老师只能根据现有内容进行讲解，单纯地把知识灌输给学生。在课程教学中，往往和学生的互动性较差，不能实时掌握学生对知识的掌握程度，学生的学习积极性也不降低，老师教学质量差，教学目标自然无法完成。

课程设置是构建课程体系的重点，科学的课程设置能够提高课堂学习效率，也是老师完成教学任务的基础。当前，我国高校商务英语翻译教学课程的教学质量测评仍然使用一贯的闭卷考试方式，这和商务英语翻译的教学要求是不一致的。这种教学评价方法只是重视教学结果，而不注重教学质量，评价方法过于简单。商务英语翻译的实用性和这种教学测评方法的实质不一样，对学生学习商务英语翻译专业知识没有益处。

二、经济一体化环境下商务英语翻译教学策略

（一）编写专业商务英语翻译教材

商务英语翻译专业的教材具有专业性和实用性，它和一般的英语翻译教学的教材有很大不同。针对这种特殊性，学校应当根据本校学生的特征、该门课程的特殊性、学生对于学习本门专业的实际需求，来编写专门的教材。学校可以让英语专业的教师和在企

业从事过商务相关经验的人员来共同编写教材,以便保证教材编写质量,激发学生的学习兴趣。但是在教材编写的时候应当注意以下方面:一是编写时的重点仍然是进行英文学习,教材的根本还应当是一门语言的学习;二是结合翻译的理论基础,商务英语翻译课程不仅仅是学习语言基础,重要的还有将所学的知识进行输出,也就是进行翻译,所以就要掌握一定的翻译技巧。综合来说,就是要使得所编写的教材善于启发学生进行思考,并主动投入到学习中。

(二)完善师资队伍

教师只有拥有比较高的能力和素质才能对学生的教学更有帮助。教师不仅在课堂教学上对学生有启示,还会在日常的一点一滴的小事对学生产生影响。学校可以聘请相关的商务活动中有过工作经验的高素质人才来作为学校的兼职教师,一方面为本校老师提供经验,另一方面,还可以给学生讲解一些企业的实战经验。学校还可以为本校老师增加一些培训学习的机会,可以选拔出优秀的教师到外资的企业进行学习,实地参与商务翻译工作,为教学提供经验。学校还应当在平常对教师采取激励措施,鼓励老师多学习,根据社会发展,学习最新的教学理念和方法以及商务专业所需要的经济学、营销学和心理学等知识,多方位提升自己的教学能力。

(三)创新教学方法

以前简单的教学方式不能满足现代学生多样化的需求,老师在教学时可以增加案例教学方法的使用,将实际的商务活动中的翻译工作讲授给学生,并适时地向学生进行提问,增加与学生交流的机会。在选择教学案例的时候,老师应当根据教学的实际需求,多找案例进行参考,增加知识点到案例当中,让学生积极参与到学习中,这样不仅可以让学生学到知识,还能锻炼学生思考问题的能力。并且在教学中还应该适时增加信息技术,使用多媒体教学方式,使得教学更加生动,学生的学习积极性更高。

(四)构建多元化评价方式

随着教育体系的不断完善,评价方式也需要多元化的方式进行,从而有利于优化整个教学体系。教学课程的评价办法和教学质量有着很大的关系,高校原本的封闭式考试评价方法主要是老师根据考试分数而进行评价,主观性比较强。对此,应当采取学生自评、同学互评与老师评价相结合的方法,使评价方式更加多样化,将综合得分作为学生的学习成果,会更加客观。

在全球经济一体化背景下,对商务英语翻译人才的需求越来越多,同时这也对高校的教学质量提出了很高的要求。商务英语翻译的创新式教学方式也十分迫切,老师应当根据当前的教学需要,加强自身的学习,多学习企业的商务英语翻译方面的实战经验。

学校应当将现有的资源发挥出最大的优势，提升学习的整体教学效果，真正让学生成为企业单位所需要的人才类型。由于我国的商务英语翻译专业的发展比较晚，并且用人单位需求量大，所以，高校的教学创新刻不容缓。本节旨在通过分析我国商务英语翻译的特点，找出其中存在的问题，从而有针对性地进行改进。

第六节　建构主义理论视阈下的商务英语翻译教学

建构主义理论强调以学生为中心的学习。在商务英语翻译教学中教师应以学生为中心进行教学，选用恰当的情境布置翻译任务，引导学生主动建构职业意识并贯穿翻译实践，促进学生翻译过程中的"自我发现"，提高学生的学习兴趣。

为适应社会对于复合型人才的需求，我国高校外国语院校纷纷开设商务英语专业，并专门开设培养商务英语人才的课程。商务英语课程旨在培养具有扎实商务专业知识、广博国际知识，熟练掌握英语听、说、读、写、译的商务英语人才。受传统教学模式、教学理念的影响，商务英语教学课程存在着一定问题，如教学环境单一、教学方法不能与时俱进等。建构主义理论强调学生学习的主观能动性。建构主义关照下的商务英语翻译教学能够促进学生翻译过程中的"自我发现"学习过程，提高学生的学习兴趣。

一、建构主义教学理论的基本主张

20世纪60年代，皮亚杰提出了建构主义理论，这个理论从全新的视角探讨已有的教学模式，是对传统认知理论的发展，同时也是对已有的教学理论的挑战。建构主义理论认为，学生通过学习建构知识体系，他们学习的知识是通过借助其他人在一定的情境下获得的。建构主义理论强调"情境"的作用，重视"协作"在获取知识过程中的重要作用。在建构主义理论指导下的教学是以学生为中心，以教师为组织者和促进者的学习过程。教师通过构建情境、促进写作，加强会话沟通等手段充分激发学生的主动性和创新性，最终使学生实现对知识的意义构建。

学生在知识构建中具有主动性。在建构主义理论指导下的教学过程中，教师十分重视学生已建构的知识体系，不单纯去输出知识让学生接受，而是在学生已有的知识体系基础上做加法，引导学习者从原有的知识体系中生长出新的知识经验。这样的教学过程不是简单的知识传递而是知识的生长，是学习者主动进行的学习。

教学情境在意义建构中的必要性。在建构主义教学理念的指导下，教师在教学中建立认知情境，促使学生在吸收知识的过程中自然融入认知情境中，学生通过融入情境让已有知识经验与新知识体系共同深化，从而构建符合学生自身发展状况的、有意义的知识体系。教师在设定教学情境的过程中，注重强调情境的真实性，学生在这样的教学情境中能够主动对输入信息进行加工，加深新知识与旧知识之间的联系，从而实现新知识的构建过程。

协作手段在教学中的应用。学生在协作、交互中对学习内容有更深的理解，这对于知识结构的构建具有非常重要的作用。教师在构建主义理论的指导下对学生的交流、讨论起引导的作用。学生在教师指导下组成学习小组、学习互助组对教学内容展开协商讨论，在过程中生生、师生之间的碰撞可以实现知识的共享和交流，这样的协作学习有助于整个团队完成知识体系构建。

学习资源在知识构建过程中的作用。学生除了要在教师构建的情境中协作学习知识，充分利用学习资源也十分重要。教师可以针对教材内容充分利用学习资源对学生进行知识讲解与展示，另外学习资源的有效利用还可以支持学生进行自主学习，自主式探究。学生通过搜索资源、利用资源，最终完成消化理解知识的过程。在整个获取学习资源的过程中，教师仅仅起到协作、指导的作用，学生的主动性才是发挥学习资源有效性的关键。

二、用建构主义指导商务英语翻译教学

经济全球化对商务英语专业人才的需求越来越多，尤其对具有扎实翻译能力的人才需求。虽然每年有数量可观的商务英语翻译类毕业生进入人才市场，但是真正符合翻译市场要求的人才数量不多，商务英语翻译教学情况与翻译市场需要存在脱节。教师的教学手段有一定的局限性。要改变这种现象，笔者试图以建构主义理论指导商务英语翻译教学。

实现以学生为中心的教学。建构主义教学理论认为学生在教学过程中居于中心地位，教师只是帮助学习者实现学习目标的辅助者。教师在教学的过程中不仅仅是授课者更是辅助者，这种教学模式完成学生从被动学习到主动学习的转变，彻底打破了以教师为中心的课堂模式。相比于传统教学法，构建主义教学更注重培养学生的独立学习精神和主动性，让学生主动发现问题，并且主动解决问题。在实际教学中，教师根据学生的学习基础和认知规律设置适合的翻译情境、翻译任务，让学生主动参与到翻译活动中，在活动中彼此学习、共同讨论，主动构建与灵活运用翻译技巧，提高学生在实际情境中的翻译运用能力。学生的主动性和创造性在教师设置的翻译情境中得到充分的发挥，这

样的教学过程不仅仅是知识的传递更是知识的转换与交流。

选用恰当的情境布置翻译任务。在实际翻译教学中，强调翻译的实用性是每个商务英语教师都应该重视的理念。因此在教学中实际、恰当的情境布置对于提高学生翻译能力，让学生通过对话、交流解决情境中遇到的翻译问题，从而促进知识经验的增长和翻译知识体系的扩充是非常有效的。教师在教学中可以适当运用教学手段实现情境布置。根据商务英语的特点，商务英语翻译教学应多维度推行，侧重于商务英语翻译的专业性和实践性；明确商务英语的语言特点，不能呆板沿用传统的翻译标准，应适当采用直译、调整性译法、仿译等创新性翻译方法。把影片、音乐、视频等多媒体手段和网络资源引入教学过程中，让学生有浸润感。学生在教师布置的情境中，被最大限度调动起交流、翻译的积极性。例如在商务广告翻译课中，教师可以向学生播放天猫"双十一"广告让学生进行汉译英翻译训练，同时也可以让学生观看亚马逊网站的广告进行英译汉训练。这样的同类型中英广告对比翻译，让学生在有限的时间内体会到翻译的灵活性、及时性。同时可以对学生进行分组，让学生在互相交流中发现自身翻译的不足，促进学生自主学习。在教师设置的情境中，学生可以自由参与，不把自身的翻译错误当作关注的重点，敢于翻译、尽情交流，在自由平等的氛围中感受翻译的魅力。

把主动建构职业意识贯穿翻译实践。教师在实际教学中应该主动建构职业意识并贯穿翻译实践，帮助学生积极完成校内教学和课外实习。在校内实践方面，教师应该在课余时间安排学生参加一些实训课，鼓励学生在设定情境中尽情发挥。教师在实训课上向学生提供适当的学习资源，例如提供一些真实的商务规划书、合同、文案、广告等提高学生的笔译能力。由于商务人员往往面对的很可能是来自多个国家的英语使用者，有些是英语国家的，而有些是非英语国家的。教师在提供语音或视频资料时应该有意识地选择一些非英语第一语言国家的音频，让听惯了标准英音或美语的学生实际感受一下，一个商务英语经常遇到的情况。在校外实训方面，教师应该为学生安排一些翻译任务多样化的实习单位。在校外实训时，很多学生遇到的问题就是专业术语能力不足，在最开始实习时听不懂话、翻译不明白。在现实问题下，大部分学生都会选择主动查阅词典，丰富词汇量，进而把所学的翻译知识运用到职业翻译中来。这样的校外实训让学生在实习中形成翻译职业人应该具备的素质。

教师作为学生翻译事业的引路人，应当积极实践建构教学理论帮助学生完成学习者到职业翻译者的转变，使学生在跨入社会时，能够具备应对各种商务问题的能力，让学生能够迅速适应商务翻译工作。当今国际经济一体化趋势不断加强，国际商务活动日益频繁，招商引资、对外贸易、技术引进等商务活动无不涉及商务英语。在此大形势下，培养出精通中西语言知识、具有广博的国际商务知识和高超翻译技能的实用型商务英语翻译人才，是当前商务英语翻译教学的宗旨。商务英语具有十分明显的商业性、大众性和时代性特点，特定的文化背景和价值观在很大程度上影响着商务英语交流活动的结果。它所面对的不只是简单的语言转换。对于商务翻译教学来说，教学改革依然是任重而道远。教师应在构建主义理论的引导下实际教学中以学生为中心，打破传统教学的禁锢，让学生在教师构建的情境下完成翻译，促进学习、交流；帮助学生独立思考、解决问题，这样的训练无疑为他们未来的职业生涯打下坚实基础，学生在教师的引导下逐渐意识到商务英语翻译的重点不仅仅是商务知识的运用更是翻译能力的运用。建构主义理论在商务英语教学中的应用为商务英语教师打开了新的大门，让商务英语翻译教育可以根据不断变化的环境进行调整，为学生创造主动构建知识的渠道，提高商务英语翻译人才的素质。

第七节　双语平行语料库驱动下的商务英语翻译教学

时代在变化，教学创新也日益显现，语料库在应用语言学中的作用也日益凸显。本节探讨了商务平行语料库存在的必要性与可行性，并提出相应的自建库办法，进一步阐述了中英双语商务平行语料库的课堂教学应用效果，在此种语料库下的翻译教学，对时代的英语教学改革具有重大意义。

如今，平行语料库对增强翻译人员的认识英汉双语转换意识有显著的影响，所以在汉英翻译教学的过程中，相比之前的传统课堂形式，学生和教师、学习方法和教学方法被有效地优化，其应用价值得到广泛认可。

巴洛曾指出平行语料库应用于有效的课堂教学中得到的反馈可以看出，教师借用平行语料库的使用，能够让学生更加直观地探索和研究两种语言中词汇、语句中对应的结构划分信息，这种方法可以使那些建立在"形式——意义"之间的词句联系，直观地反映在学生的视角之下。有关贝尔纳蒂尼的研究也表明，创造性的学习思维更多的是建立在创造性的学习环境中，而平行语料库就可以为学习者提供最基本的学习资源库，它可以使学生由被动式的输入性学习，转化为"以学生为中心"的创新式自主学习方式，从某种程度上，积极创新改革了课堂学习方式。基于此项研究，应用教学类型语料库运用而生，但它们主要是一些面向行业的主体，基于行业知识面的词汇收集，例如：医用语料库、金融语料库、计算机语料库等。诸如此类的语料库，我们都可以通过一些国内外大型在线语料交流平台或语料商城获取。但是在英语翻译教学方面，如果从英语专业词汇入手，将语料库加入英语专业词汇教学中，除了培养学生的翻译能力这一教学目标外，还会增加学生在行业专业知识之外的负担。由此可见，建立一个更适合翻译教学的相应语料库才是因材施教的合适选择。

一、商务英语语料库在英语翻译教学模式中的重要性

与一般的基础英语语料库相比，商务英语的选材和选材模块更加广泛，涵盖的方面也更多，这就决定了商务英语在英语翻译教学中有着不可替代的作用。从主题上看，包含了高校学生主体共同认知范畴的熟悉话题，例如：社会、政治、金融、交通、旅游、文化、饮食、娱乐等多个范畴；这些范畴跨越和交叉了多个学科及专业领域的相关知识储备。此外，商务语料库贴近现代生活，生动实用，经常参照学习，能有效地防止学生在翻译中，选择词汇时偏离英语的使用语境，更好地贴合语言的使用范围。因此，对于基础语料内容的建设，从一定程度上基本可以满足翻译课堂教学和实践的需要。

随着时间的推移，商务英语语料库不断积累，使用的词汇也与时俱进，具有一定的时代性。与更新缓慢、不便携带、版本单一的词典工具书和一般性的英语教材书本相比较，商务英语语料库算得上是流动性和便捷性相统一的语用资源。除此以外，商务素材创建的语料资源是日益不断升级和更新的。随着社会日新月异的发展和演变，许多新生事物被人类所发现，例如一种新的自然现象或社会现象会在人们的日常生活中出现，专属语也就诞生，如：台风利奇马（Lekima）、网络名人（网红）（online celebrity），诸如此类的词汇，它们都是在社会新闻报道中及人们日常交谈中反复出现的高频词汇，笔者借用英汉双语商务语料通过网络在线检索法对上述的这几个词汇的频次进行检测，发现出现的词频频次分别是 18 次、92 次。但是《牛津高阶英汉双解词典（简中版）》《朗文当代英文词典》等常用词典均未收录上述词条。这主要是因为每次修订和出版一本词典都要耗费修订人员大量的时间和精力，而时间上通常是 3~10 年不等。显而易见，这种步伐在当前的翻译学实践中是不可行的。此外，与其他一些工程类型或常用的语料库类型相比，商务情景用语表达稍许生动灵活，能够对翻译过程中的词条或文本理解，起到指导性的启发作用。如：在 2018 年 9 月 6 日，美国《纽约时报》刊登的一篇匿名文章批判总统特朗普，赞扬已故参议员约翰·麦凯恩，文章中用了 "lodestar" 这个词，语句如下："虽然我们失去了参议员 McCain（麦凯恩），但我们将永远把他视为榜样——一位 lodestar。"这个词最初的意思是"引领船只航行的星星"，但在这里，根据上下行文的意思，它被用作比喻意义上的"指引、向导"，而这种词义是未收录到词典之中的。因此，像这种类似衍生词义的词汇若能加入语料库中供学生参考学习，那么学生译文的可读性一定可以提高。

二、基于中英文平行语料库的应用与研发弊端

（一）缺乏现有的超大规模、多用途、全面的平行语料库

目前，一方面就英汉双语平行语料库来说，建库规模虽然庞大，但其覆盖范围和应用范围仍普遍不足。其中，主要原因之一是重复性建设，平行语料库虽具备数据检索系统，但语料从"预处理—收集—标注—切分—对齐"这五部分的工作程序都需要花费很多的时间和精力，对准确性和细致度的要求很高，才能应对未来语料库精确的检索功能。另一方面，语料库的重复建设从某种程度上来说，阻碍了语料规模的扩充。那么对于建库人员就需要在相互沟通和交流的前提下，分工合作，制订计划，整合现有资源，致力于共同把国内平行语料库建设成一个涵盖学科综合性、超大规模、多用途的语料资源项目。

（二）语料库的深度不够

"双语平行语料库的研制"在深度和广度上，对研究课题的选择产生很大的影响。目前，大多数语料库被分为两大类：非文学类和文学类，但专门类只占一小部分。因此，在分类上可以更细划非文学及文学语料库，如：非文学分为新闻、财经、科技、法律、农林、历史、医学等；文学分为小说、散文、戏剧、传记和诗歌等。另外，语料库标注主要是基于词类划分，如：语义、句法、修辞等都是人工完成的，现今的语料标注技术未能达到较高的水平，所以，建库人需要总体把握、全盘考量，才有可能构建一个大规模、多用途、综合性的平行语料库，以此支撑未来的系统研究。

（三）现存语料库研究不够深入

现存英汉双语平行语料库大体上分为四种类型：英语原文和汉语译文；中文原文及英语译文译；英汉翻译与英汉双语对比研究；语内类比与语际比较。而对于平行语料库的翻译研究来说，尤其是类比研究还很匮乏。然而在一些专属领域的语料库中，其最大的优势是一对多的翻译模式，可以应用于各种语料库研究，而且它仅适用于文学作品领域，很少应用于非文学文本，如：政治理论、财经、新闻、法律等。因此，翻译学学者有必要在学习和完善语料库翻译研究方法的基础上，通过英汉对比研究，寻找新的研究对象，建立新的研究模式，进而不断更新、发展平行语料库。

（四）语料库译者之间缺乏沟通和合作

随着计算机语言统计分析能力对语料库研发的影响，对分析能力的要求也越来越高。例如，1990年，国内就研究过平行语料库的对齐技术问题，可是当时的技术讨论主要

集中在计算机应用的专业领域，对技术的研究并不深入。近年来，随着计算机技术与翻译研究的相互融合，计算机专业人员与翻译学者之间的合作也在逐渐加深，这就为语料库翻译研究的发展搭建了良好的交流平台。

三、基于英汉双语商务平行语料库的翻译教学模式的构建与应用

首先，创建英汉双语商务平行语料库要求建立者大规模收集相关语料库素材，以进行整理、研究和比较。整体操作可以分为两部分，双语商务文本素材的收集和整理是其中之一，另外则是语料库的自建制作。

（一）收集和整理英汉双语商务文本素材

对从英语学习网站获得的商务媒体报道或官方的翻译英汉双语文本材料，进行分析和筛选，选择出那些科学地展示商务主题的素材，若读后产生歧义性的部分务必删除，对于某些概念、词汇的选择还需要确保政治上的正确性，反复检查和验证翻译的准确性，从而形成用于语料库制作的源文件。

获取英汉双语商务语料库的途径有很多，主要来源包括英国的 BBC/TheEconomist/Times、美国的 CNN/VOA/New YorkTimes 等，对于国内的语料库来源，如 ChinaDaily/CGTN/CRI 等里面的媒体商务。教师可以方便地独自搜集或整理，所占用的时间成本也较低。除此以外，或与项目团队的成员分工收集和积累，以便完成语料的对齐，进而建立语料库。语料库中的某些商务模块部分的高质量中文翻译可以直接在线搜索官网获得官网双语文本，对未提供官方双语参考版本的商务语料，可以通过一些国内英文学习网站获取，经过个人仔细地校对或团队成员的分工核查后，它们也可以用作构建英汉双语商务平行语料库的素材。

（二）语料库的自建制作

英汉双语商务平行语料库的建设包括建立翻译记忆库和建立翻译术语库。首先，将整理无误、具有较高实用价值的语料库，按其主题进行划分归类，并选择适当的语料库对齐工具，然后制作翻译记忆库。理想的翻译记忆库应在句子层面实现对齐。教师可以依据个人使用习惯或校内计算机系统环境来选择合适的软件，例如：可以使用 CAT 软件随附的对齐工具或组件，例如 Trados-WinAlign, Transmate 等，或使用单独的双语对齐工具，例如 LF Aligner, Wordfisher 等。需要注意的是，如果在使用 Transmate Aligner 对齐工具导入原始翻译后，通常会自动将其分为两列的逐句双语比较模式，但

是对诸如调整单词顺序之类的翻译技巧可能会造成影响。如果原始翻译的分割不一致，还可以使用下面的方法进行操作：可使用操作工具栏中的按钮来调整对齐方式，如手动合并、拆分、删除等，借用软件工具完成上述流程之后，将文件保存起来，另存为TMX格式并导出，导出的文件就能形成翻译记忆库文件，重复使用以上操作过程用以添加新的语料，扩展库存容量。

同样在建立翻译术语库的时候，建库者可以借助软件对齐工具来完成翻译术语的提取操作。翻译术语一般是指一些专有名词，如人名、地名、国家名、区域名、专业分类中的一些专业术语及人们日常生活中约定俗成的语言（谚语或俗语）等。比如：当使用Transmate软件对语料库进行对齐设置之后，可以用工具栏右侧的"提取术语"按钮，依据词频设置等其他类似的选项选择过滤所需术语。然后保存内容并导出为Excel格式的文件。最后，将以TMX格式文件导出的翻译记忆库文件和以Excel格式导出的翻译术语文件，导入主流工具CAT中，用作建设本地语料库。英汉双语商务平行语料库的建立在一定程度上促进了翻译课堂教学，教师正确使用平行语料库可以极大地辅助翻译教学，教师的教学方法和翻译实例得到丰富，学生探索翻译和自主学习的意识增强。

大量新鲜生动的语料库无疑为教师讲授翻译理论、技巧、句型和单词选择等实践教学环境提供了生动的例子。语料数据呈现在学生面前是平行语料库的主要表现形式，而这些双语数据使得学生在翻译技能和特定语言的项目学习中获取足够多的语料素材。从这个层面来看，语料库对于讲授翻译技巧时一定要有针对性，例如当讲授涉及无灵主语的汉英翻译时，"去年发生了多起公共安全事件和重大生产安全事故。"一些学生习惯在翻译的时候，从语法的角度出发，以"事件和事故"为主题，粗略地将其翻译为"A number of public safety incidents and major workplace accidents have taken place during the last years"，还有一些学生采取了不同的方法。考虑到"there be"结构（存在句）的使用，它被粗略地翻译为"There have been a number of public safety incidents and major workplace accidents taking place/going on over the last year"，只有极少数同学想到使用无灵主语，"Last year saw the occurrence of a number of public safety incidents and major workplace accidents."的结构。但实际上，外国期刊文章基本上都使用无灵主语在近似的上下文中传达此类信息，从而使语言形象感强、灵活生动、可读性强，许多英语句子模式或单词选择经常反映出情感和态度，而这正是学生应该学习掌握的确切用法。使用双语商务平行语料库来显示有关外国期刊，例如《纽约时报》和《经济学人》等，其实殊不知这些期刊上使用的真实语言是很有说服力的，更容易打动学生，更容易让学生接受，进而提高翻译课堂的有效性。

当学生使用英汉双语商务平行语料库的时候，可以直面庞大的语料数据，依据这些数据可以帮助他们归纳总结翻译规律，学习翻译技巧。同时，从翻译教学实践可以看出，在课堂中运用平行语料库，只要允许学生使用CAT工具，就能明显感受到学生在课堂上的参与热度，通过语料分析，学生对翻译学习有强烈的渴望，且具有独立学习的意识。教师也可以通过合理的教学任务设计，驱动式地利用这种学习环境来激励学生进行独立探索、分组讨论、重点讲解，使学生自觉主动地进行翻译学习，最大限度地优化教学效果。

笔者结合翻译教学研究的发展趋势——基于语料库建设的教学模式，探讨了高校教师自建英汉双语商务平行语料库的重要性和可行性，并对其进行了详尽的解释，倡导课堂教学实践中加以应用的有效性，合理利用英汉双语商务平行语料库，鼓励广大教育工作者应勇于尝试这种"以学生为中心"的教学模式，激发学生的自主性，以最大限度地发挥翻译教学的作用。

第八节 "互联网+"时代翻转课堂在商务英语翻译教学中的应用

现代化教学实践中，学校越来越重视大数据技术的应用，并结合"互联网+"时代采用翻转课堂教学模式，使商务英语翻译教学质量得到保证。基于此，以翻转课堂作为研究对象，结合商务英语翻译教学现状，探究翻转课堂实践必要性，从课前准备与课堂教学两方面阐述"互联网+"时代下对商务英语翻译翻转课堂的有效应用。

一直以来，商务英语翻译工作需要建立在团队合作基础上完成，传统教学中，虽然学生能够掌握大量商务英语翻译技巧和理论知识，但是缺乏实践途径，且无法拥有实战性团队合作氛围。结合当前"互联网+"时代特点，基于大数据技术，采用翻转课堂模式进行商务英语翻译创新，为学生营造积极向上的合作环境，从而使其灵活应用专业知识，提高专业技能水平。

过去，教师进行商务英语翻译教学时，会对学生灌输大量各行业的基础理论知识。学生未来进行商务英语翻译需要对各类关联性知识进行积累，如国际贸易、股票证券、商品交易、外币汇率外汇和商务法规等，无论是英语译汉语，还是汉语译英语，学生都要从行文格式、口述规范与文体特征方面入手，使翻译结果满足商务目标的心理需求。由此可见，商务英语翻译的行业标准很高，传统的课堂教学很难达到这一标准。无论是教材，还是案例，教师在教学时明显落后于行业实际发展现状，甚至有的教师依然在使用旧的商务英语教学课件，导致学生无法学到最新的翻译知识，毕业后难以满足应聘岗位的要求。

教学方式与教学技术不匹配，随着"互联网+"时代的发展，学生已经开始习惯于应用互联网和智能手机展开学习，很多学生依赖电子设备带来的学习便利。而传统商务英语翻译课堂中，教师依然采用知识点灌输的教学模式，单方面为学生讲解各部分知识点，没有应用计算机信息技术进行教学。不仅如此，很多教师深受应试教育模式的影响，认为衡量学生学习效果的唯一途径就是考试，导致课堂缺乏客观性评价。久而久之，这种商务英语教学与考核模式无法与当前"互联网+"时代要求相匹配，不利于商务英语翻译教学效率的提升。

一、"互联网+"时代翻转课堂在商务英语翻译教学中应用的必要性分析

（一）翻转课堂

翻转课堂教学模式来自美国，并在迈阿密大学的经济课中展开实践，最终取得了良好的教学效果。随后，一位美国高中教师自己制作了上课视频，并在网络平台中发布，帮助学生利用课下时间补课。随着网络平台中观看该教师课程人数的增加，后来逐渐发展为学生自主利用网络课程学习基础知识，并在第二天的课堂中表述自己的实践成果，人们将这种学习模式称为翻转课堂。经过近年来的经验总结与积累，各国教育界对翻转课堂的理论认知趋向统一。与网校教学模式相比，翻转课堂中学生拥有更多主动权，可以自由支配自己的时间，随时随地进行网络学习，教师负责引导学生科学选择学习内容，并对学生的学习成果展开评价，加强教师和学生之间的交流互动。

（二）大数据技术翻转课堂的教学突破

1. 资源更新与共享方式创新

基于翻转课堂模式的教学实践，教师会为学生提前录制视频，并将与本节课内容相关的资源查找出来，随后将所有资源上传到网络平台中。学生在家中用电脑和手机就能下载这些资源。目前，在我国教学改革背景下，这种教学模式可以提高教师课前准备工作质量，引导学生利用课余时间学习商务英语翻译知识，巩固理论基础。在网络平台中展开学习有利于教师及时准备课件，同样的教学内容，教师可以准备多个不一样的案例，学生通过翻转课堂可以了解各个案例之间的共性与区别，拓展商务英语翻译的学习空间。由此可见，翻转课堂实现了教师与教师之间的教学资源共享，教师可以借鉴其他优秀教

师的教学方法，提高自身教学水平。

2. 教学流程与学习方式创新

将"互联网+"背景下的大数据与翻转课堂教学模式相结合，教师可以全方位选择教学方法，并为学生提供更多的学习机会，学生可以在翻转课堂模式下拥有更多自主学习权。此外，学生通过网络平台，可以自由选择授课教师，按照自己的兴趣喜好选择课程。翻转课堂模式改变了原有的商务英语翻译教学流程，过去的教学模式被课下学习与课上练习模式取代，学生可以回家后上网预习第二天的知识点，并依赖信息化技术在教师给出的课件知识范围内进行自主学习。随后，关于认识点难度情况与学生作业完成兴趣都会被汇集到教师端，教师根据结果反馈对教学方式革新，帮助学生提高学习成绩。

3. 教师评估与总结方式创新

翻转课堂模式下，教师课堂评价与教学总结的方式被创新。商务英语翻译教学可以依赖大数据技术实现翻转课堂与学习成果的测评。教师可以根据学生对录像回放的时间段，合理预测学生对视频中某一处知识点的掌握情况，猜测其遇到的困难。随后，教师有针对性地为学生选题，在课堂检测中让学生作答，以此了解学生对翻转课堂教学模式的学习效果。同时，教师可以在翻转课堂模式中展开网络化考评工作，将学生成绩录入到期末总成绩，让网络学习成绩成为日常成绩的一部分，使商务英语翻译教学总结更客观合理。

三、基于"互联网+"时代的商务英语翻译翻转课堂教学设计

（一）教学逻辑设计

"互联网+"时代背景下，商务英语翻译教学采用翻转课堂模式进行教学设计，要求整节课拥有严密的授课逻辑设计。对翻译教学实践来说，翻转课堂并不是简单的流程转变，而是一整套系统、严密的逻辑体系，整个逻辑体系内包含了教师需要负责的翻译教学内容和学生负责的内容。除此以外，翻转课堂需要借助互联网时代下的大数据技术，基于技术优势创建综合商务英语翻译教学平台。

很多学校会应用MOOC平台，通过该平台为学生带来更加优质的教学资源。国内各学校由于教学资源版权问题限制，或者对学生信息的保护等原因，学校可以结合自身实际教学情况，自行设计商务英语教学平台，或者与其他学校合作，自主研发教学平台，该平台支持信息与数据交流和共享，各学校可以一同使用平台完成翻转课堂教学。关于商务英语翻译教学的教学逻辑设计需要从两方面入手，即课前准备和课堂教学，综合商务英语翻译课堂实际情况制作客观的团队合作体系。

（二）课前资料准备

作为商务英语翻译教学的基础，教师展开翻转课堂教学模式之前需要做好资料收集与整理工作，这也是整个商务英语翻译翻转课堂教学逻辑设计体系的中心内容。但是商务英语翻译教学的难点在于教师如果将翻译技巧和企业商务活动中需要的内容相互配合，使各类商务活动中产生的语言、产品介绍与法律法规能够用一定的翻译技巧表达出来。例如，教师在为学生讲解与金融机构相关的商务英语翻译技巧时，在课件中教师可以为学生介绍金融市场内存在并购行为，引导学生认识更多商业银行的英文名称，对当地金融法规与证券保险加以掌握，熟悉其中的专业术语。结合教材中的语法内容，如英汉语言结构、定语从句翻译技巧，为学生丰富翻转课堂教学内容。

在课件中，建议教师从以下几个方面突出商务英语学习重点:(1)中国特色词汇;(2)国际贸易专用词汇语句;(3)合同与法律专用词汇、固定语句;(4)金融行业专业词汇语句。教师为学生录制课件的时候，建议为学生合理设置节点问题，使学生一边学习一边练习。教师可以利用翻转课堂网络平台数据库为学生设置课后练习作业，学生通过数据库随机抽题模式予以解答，有效避免学生作弊。提交作业后，教师总结学生在本节课学习中存在的共性问题，并在课堂中予以解答。

（三）课堂教学设计

高校商务英语翻译课程中包含较多内容，涵盖领域比较广泛。以"互联网+"大数据技术为基础的翻转课堂教学模式，教师进行课堂教学设计时应根据学生实际学习状态为学生创设合适的教学情境。教师可以根据各个单元的学习内容导入课程案例，按照学生在前一阶段的成绩，为学生搭配学习伙伴，组成学习小组。如果每个班级40人，建议5人为一组展开合作学习，学生自主划分翻译内容，按照汇总的问题寻找专业教材。这一过程中教师需要起到引导者作用，为学生的翻译活动进行指导，引导学生的翻译内容不偏离主题。课后，学生已经掌握了一定的翻译技巧，随后学生对案例给出翻译结果，教师予以评价打分，该成绩最终计入学生总成绩。

在课后指导部分，学生也可以通过微信群和QQ群展开合作学习。某平台的商务英语翻译翻转课堂包括十五个单元的内容，每章的主要内容都是以基本商业行为为主线，从企业的开始创建到经验管理，可以系统地培养学习者对各种商业情境的认知和理解，训练其从事相关商务活动的基本能力。翻转课程大纲中，例如Week 1：Business Environment and Entrepreneurship，其中一共包含几个小单元，即1.1 Introduction to Business Environment；1.2 Internal Environment；1.3 External Environment等，随后为Week1的PDF Slides课件部分。学生掌握课件内容后，再根据该单元内的Unit 1 "Business Environment"词汇表和Unit

2 "Entrepreneurship"词汇表进行学习，学习与本节课相关的词汇内容。完成后，教师要求学生在线进行第一周课程测试，并根据平台中给出的测试题予以作答，根据成绩结果教师进行课堂总结与课程评价。

总而言之，随着互联网信息技术的发展，"互联网+"时代背景下，以大数据和云计算为主的技术在商务英语翻译教学中开始普及。教师需要创新传统的商务英语翻译教学模式，通过翻转课堂为学生拓宽学习渠道，引导学生充分利用业余时间展开学习，提高学习成绩。

第五章 商务英语翻译教学模式研究

第一节 基于语料库的商务英语翻译教学模式

全球经济一体化的推进,使商务从业人员需要具备更高的专业能力,同时其也对商务英语的专业教学发展起到了很大促进作用。在商务英语教学中,如何才能使学生的商务英语翻译能力得到高效的培养,也已成为其教学过程中的重要问题。鉴于此,本节对基于语料库的商务英语翻译教学模式进行深入研究,以期提高商务英语的教学效果,使商务翻译实践教学得到更好的发展。

近年来,我国与国外其他国家交流的日益密切,使国际商务活动的开展变得越来越频繁,与此同时,我国对复合型人才的需求也变得越来越强烈,这也使商务英语在高校中成为一门独立专业。现阶段,很多高校都已开设了商务英语专业,不过因商务英语的开设时间较短,在商务英语教学中还有许多问题亟须解决,如人才培养模式规范性不强、评价体系不完善等。这些问题的存在,都加剧了高校对学生商务实战能力进行培养的紧迫性。就目前来看,高校在进行商务英语翻译教学时,大多数都是以模拟语料为依托,但这无法对商务翻译活动所具有的复杂性进行全面展现,其教学效果也会因此而大打折扣。为此,通过深入研究语料库,并将语料库应用于商务英语翻译教学之中,能够使商务英语翻译教学现状得到明显改善,进而使商务英语翻译教学在语料资源的有力支撑下,有效培养学生的商务翻译实践能力。

一、语料库在商务英语翻译教学中的应用优势

在商务英语翻译教学中,语料库具有以下应用优势:首先,其能够对商务英语在翻译实践过程中的实际情况进行真实展示,在商务谈判中,谈判双方能否从中获得更高的利益,直接取决于其谈判结果,而对于商务谈判来说,可以将其看作一个短兵相接的战场,谈判双方则相当于进行博弈的对手。如果在商务谈判过程中能够进行准确的翻译,则更有利于对对方意图及目的准确把握。同时,在商务谈判过程中选择合适的话语也是

非常重要的，其对谈判结果有着直接的影响。近年来，诸多学者与专家都对谈判开展了深入的研究，并得出在商务英语翻译教学中如果将模拟语料与人工语料作为依托，则会产生许多弊端的结论，进而导致商务英语翻译实践效果受到很大影响。之所以会得出该结论，原因在于研究者是通过主观推测的方式形成模拟语料与人工语料的，而这并不能和实际情况有效契合。为此，本节在商务英语翻译中将真实语料作为依托，以确保商务翻译活动能够揭示其真实面貌，使商务翻译教学在选择语料库时能够以此作为参考和借鉴。其次，语料库能够使商务翻译教学的材料变得更加丰富。目前，各个高校在进行商务翻译教学时，仍旧是以人工语料和模拟语料为主，这也造成语料难以具有较强的说服力，更无法对商务翻译进行紧密连接，从而影响了教学效果。为了使这一问题得到解决，就必须将真实生动的材料作为商务英语翻译教学的依托，只有这样才能使商务英语翻译教学效果得到有效改善，进而提高教学效果。再次，语料库能够使商务英语教学与其翻译实践紧密结合，进而使教学效果得到显著提高。在商务活动中，各方都有着自己的经济利益考虑，这也使学者在研究商务活动过程中，常常会以自身经验为基础，这也导致教学材料单一、陈旧，难以对商务翻译活动的真实情况进行反映，从而造成商务英语教学脱离于实践，为此，必须确保商务英语翻译教学的内容能够和其实践进行紧密衔接，使教学质量得到根本性的提高。最后，语料库对商务英语翻译人才的培养起到积极作用，对于商务活动而言，其是人们对财富进行创造而产生的一种方式，商务活动和经济利益有着密切的联系，特别是国家之间的商务谈判更是如此。我国自加入WTO以来，国际影响力与日俱增，这也使我国和其他国家的贸易交流变得越来越密切，相应的对商务英语翻译人才的需求也越来越强烈。为此，通过对商务翻译教学模式进行改革，能够使商务英语翻译人才的综合素质得到显著提高，进而使我国企业在国际性的商务谈判成能够获得更多的"软实力"。

二、基于语料库的商务英语翻译教学模式研究

在商务英语专业中，为了使学生的话语实践能力得到综合培养，经常采取"读写一体化"这一新型的教学模式，该教学模式既能通过识别与建构体裁形式，以此对学生读写能力进行全面展现，也能利用体裁功能来对学生所具备的话语实践能力进行检验。对于商务英语翻译面言，其能够将读写进行有效连接，要想使翻译实践教学效果得到有效的改善，就必须使商务英语翻译能够同时成为商务英语专业教学实践改革以及读写一体化教学模式中的重点。在基于语料库的商务英语翻译教学模式中，主要包括以下构建步骤：

第一步是需要将语料库作为商务英语翻译教学的基础，对商务英语翻译教学模式中

经常采用的语言形式进行总结。对于现代语言学来说，通过语料库能够更侧重于对经验事实结果的关注，语料库是对语言材料进行存放的重要仓库，而这些语言材料都是商务英语在实际应用过程中所真实存在的，通过将电子计算机作为载体，以此实现对商务英语语言基础知识的承载，并采取相应的加工手段，方可实现对真实语料的获取。在本节中，需要通过分析软件从不同层面对语言单位实施定量统计，能够对商务英语翻译实践中对语言形式进行选择时所产生的方法及策略进行真实揭示。

第二步是采取统计分析方法来研究现有的商务英语教材，并将其对比于语料库的研究结果。在此过程中，需要对国内现有的商务英语翻译教材进行采集与扫描，使其成为语料库，然后通过软件将所制的语料库和自建语料库实施比对，分析两者间的异同。

第三步是对所制语料库和自建语料库对比中找出的改进之处进行编写，使其成为教学材料、实战练习和教学大纲。并纠正现有教料和商务英语翻译实践中的脱节之处，在真实语料库中将找到的使用语境和语言现象添加于其中，以此重新编写教学大纲和教学材料，并对真实情况进行模拟后安排学生演练，根据学生的演练结果，并将其对比于采集的实战录像，使学生能够通过观看录像来了解自己在实践翻译过程中和从业人员所存在的不同之处，进而使学生便于进行改正。

第四步是在教学实践中应用编写的教学材料，采取问卷调查方式开展师生调查，对研究结果进行检验与修正。项目组需要对专家进行咨询后来对具体的调查问卷内容进行设计，并利用 SPSS 软件实施定量分析，通过对问卷结果进行检验后，明确其教学效果，然后以师生的反馈来对教学材料进一步改进，并撰写最终的研究报告。

三、基于语料库的商务英语翻译教学模式的应用前景

首先，基于语料库的商务英语翻译教学模式能够在商务英语翻译材料编写中进行应用，考虑到商务活动直接影响到经济利益，一直以来，在商务英语的话语研究中，大部分是将模拟语料作为研究对象，这也使商务谈判中的真实情况进行反映，而真实语料则能够实展现商务活动原貌，从而使研究结果具有更高的应用价值。在本节中需要建立商务翻译话语语料库，以便于通过真实案例来进行商务英语翻译教学，并且也能使商务英语翻译教材在编写过程中具备现实依据，进而使教学内容和实践活动紧密结合起来。

其次，对商务英语翻译话语进行创建，并将其与语料库进行对比。在此基础上，需要收集大量的语料，然后构建封闭语料库，通过对实际教学中的翻译语料进行收集，并将其与语料库进行对比，能够使学生在翻译实践过程中所取得的学习成果进行更好地揭示，从而使学生具备更高的学习能力。

再次，基于语料库的商务英语翻译教学模式能够用于开发多媒体课件，通过对翻译人员的真实翻译场景进行录像，然后在课堂教学中进行应用，能够使商务英语教学内容得到更直观的展示，其教学活动也将不再显得枯燥、乏味，进而使学生的学习兴趣得到充分调动，使教学效果得到根本改善。

最后，基于语料库的商务英语翻译教学模式能够在编写教学大纲及人才培养方案中应用，在国外许多国家，都已广泛采用真实语料来进行教学，而且所取得的教学效果也非常理想。通过本节研究所得出的结果，可对现有的商务英语翻译教学大纲进行改写，从而使商务英语翻译教学能够采用真实语料，这能够促使以往机械式、枯燥化人才培养模式发生转变，从而使学生的商务英语翻译能力得到更高效的培养。

四、基于语料库的商务英语翻译教学模式的创新性分析

就目前来看，商务教学改革研究已经取得了一系列的成果，不过在商务英语翻译教学研究方面却还有很多欠缺之处。目前对商务英语的研究仍旧是以技巧和应用为主，而从语言实际来对教学改革却鲜有相关文献。为此，在本节研究中，通过田野调查来采集真实语料，能够使商务英语翻译教学转变为ESP模式，而ESP模式的转变，也将促使英语教师进行转型，这就需要商务英语教师为即将到来的转型做好准备。

其次，在EPS课程教学中，需要确保教师能够对语言知识讲解的同时，还能对商务英语专业的知识进行讲解，使学生在商务英语专业学习中遇到的问题得到解决。现阶段，大部分教师都来自通用英语专业，而这些教师在英语基础上较为扎实，对西方文化也较为理解，不过在商务英语专业知识方面却有所欠缺。

除此之外，还有部分教师来自国际商务专业，这些教师虽然专业知识水平很高，但在英语基本功上所较为薄弱，而且也缺乏对西方文化的了解。无论是哪种情况，其师资队伍都无法满足商务英语的专业教学要求，因此作为高校而言，必须对"双师型"教师进行积极的培养，以此打造一支具备较高专业知识水平、较强英语基础、能够了解西方文化的"双师型"教师团队。

最后，作为高校而言，必须有计划地培养教师，一方面，针对校内现有的师资队伍，需要组织教师进行进修，使教师能够参加各种学术会议，以确保其专业能力得到提高，在此过程中，需要着重对青年骨干教师以及专业学科的带头者进行培养。另一方面，高校还要大力引入优秀的师资人才，利用相应的优惠政策来吸引优秀教师，使其能够全身心地投入到商务英语教学之中，并为商务英语教学模式的高效开展做出贡献。

自21世纪以来，我国大力推进教学改革工作，这也使英语教学相比于以往发生了

很大变化,这种变化主要体现在英语教学能够与某个领域或某个学科的专业知识进行结合,从而使英语具备了专门的用途,这也成为英语教学的未来发展方向。语料库的商务英语翻译教学模式的出现,使学生在该专业学习中能够以 ESP 理论为指导来确立教学方法与教学内容,从而使商务英语翻译教学能够与当前的时代发展形势相适应,满足市场发展需要,这也使其在大学英语教学改革中成为一大主流方向。在不久的将来,ESP 理论在大学商务英语的教学实践中还将发挥更大作用,进而使商务英语翻译教学模式更能满足我国对复合型人才的培养需要,并且 ESP 理论也将促使高校在教育工作中彻底摆脱以往的应试教育,实现向素质教育的转变。

第二节 基于顺应论的商务英语翻译教学模式

商务英语专业的翻译教学通过对顺应论的解构客体顺应进行研究探索,并且注重归纳总结学生在商务英语翻译实践过程中出现的错误,使用顺应论原理探究导致错误出现的因素,确定回避该错误的措施。笔者认为学生商务英语翻译水平的提升,应当从凸显逻辑关系、增补信息、句式转化以及培养学生跨文化意识四个角度来实现,改善词义翻译不准确,句式翻译不当,以及跨文化意识薄弱的问题,不断巩固翻译策略并加以实践应用,最终将学生培养为符合社会和行业需要的商务英语翻译人才。

一、顺应论的来源及内容

1875 年,美国著名语言学家、翻译学家惠妮特在著作《语言的成长》中,详细分析了语言的进化和衰退过程。而在 1921 年,人类语言学家爱德华·萨丕尔也提出了,语言是具有其特殊生命力的。Lieberman(1975)的《语言的起源》,Pawley(1983)用"自然选择—适应"来阐述语言的变迁。Verschueren 的顺应论是建立在前人的基础上,其中语境关系、客体结构、动态等顺应以及顺应过程意识性是其顺应论所主要研究的部分。

(一)语境关系的顺应

顺应交际语境来使用语言称之为语境关系顺应,其中能够对语言选择造成影响的因素包括物理、社交以及心理世界。语境本身是动态发展变化的,其能够随着交际双方的交际活动开展而不断调整与变化。

(二)结构客体的顺应

结构客体顺应主要包含了两个方面:第一,选择语言、语码和语体。首先,交际双方都需要按照自身的需求和习惯确定最为适当的语言,语言的应当根据交际所处环境以及自身的语言表达能力来确定。其次,要各自确定对应的语码,行业专用术语的变体以及地方性语言称之为语码。最后,语体应当结合场合的真实与否来确定。第二,需要构建话语成分,具体按照商务英语文本中采用的词汇、语言、语调、句子等构成,进行灵活的选择和调整。第三,选择语段,主要是指在保证译文连贯性的前提下,根据语篇和语段合理的选择,所以对于选择句子顺序以及信息主体的结构要明确注意。

(三)动态顺应

交际双方是出于动态顺应过程中使用语言的。首先,商务英语文本的动态顺应过程,会受到时间因素的影响。其次,商务英语交际双方所选择的语言,会根据语言环境发生的变化而变化。这种语言环境变化主要体现在心理、社交、物理等方面。

(四)顺应过程的意识性

首先,交际者心理状态会因为认知因素和社会因素存在的诸多不同而表现出差异,造成交际者对不同的言语行为的认知,即意识性不同。这种不同的意识性体现在交际者感知、表达、计划和记忆的不同。其次,我们所处的社会环境对人们的各种行为做出规范,交际者在交际过程中会受到这种社会心理的影响,从而进一步影响到交际者的顺应过程。

首先,词义翻译不清是翻译中常见错误。一些常见词汇在商务英语中具有特殊词义,学生不能根据正确的商务语境进行准确的翻译。例如,在翻译练习中遇到"clear"学生错译为"清空",商务英语中意为"清算";"offer",学生译为"提供,提出",但在商务英语中应是"报价"的意思;"claim"学生译为"宣布,声称",商务英语中为"索赔";"balance"学生译为"平衡",商务英语中则为"余额"的意思。其次,一些专业术语掌握不清。商务英语翻译的另一难点则是大量使用专业术语,包括一些缩略词。例如:go-slow 怠工,而不是"变慢";strike pay 罢工津贴,此处 strike 学生常译为"敲击";state of the art 技术发展水平,此处 art 学生翻译为"艺术";"shipper"和"carrier",学生经常认为是同义词,实际上两个词意思存在差异,"ship-per"指货物的配送方,如物流公司,或由商家委托进行运送的个体或企业,而"carrier"则是指承担货物运输工作和责任的个体,即在贸易双方之间通过协议承担货物运输工作的中间方企业。在国际商务往来中,如果混淆了两个意思,将会扭曲整个篇章的意思,给贸易往来造成阻碍。OA=open account 赊账,P.A.=personal account 个人账户,O.B.=ordinary business 普通业务,学生在处理此类缩略词的翻译时更是五花八门。最后,"互联网+"时代背景下,新词热词的翻译也是商务英语翻译中的一个难点。例如,"paid leave/holiday"可译为"带薪休假",如例句:New Jersey poised t become latest state to require paid sick leave. 同样,2008 年我国出台的《职工带薪年休假条例》的英文版也将其译为"paid annual leave"。再如网购平台上常见的 flash sale 限时抢购；overseas purchasing 海外代购。学生对词义翻译不清的原因主要是没有根据商务语境选择准确的语言和语码，即行业的特定用语，不能及时切换译者角色，顺应语境意识不强，因此在商务英语翻译时，需提高学生对专业术语的熟悉度。

逻辑结构是英文核心所在，英文重视形式上的完整，中文能够将句子的被动逻辑关系或主动逻辑关系准确地区分出来，同时该关系无须使用"被"字来体现，而英语中却必须将其明确的体现在句子中。例如"所得资金主要用于加强生产基础设施的建设，并采购生产所需关键材料"，而在学生的翻译中，往往没有体现出"被"字，但是由于主体是物体，所以应当使用被动语态进行翻译。由此可见，物称表达法在英语中较为常用，对人称使用较少，侧重客观叙述，并且被动句式在以商务英语合同为主的商务英语中较为多见。但学生对于这一问题大多没有足够的重视，因此教师要重视帮助学生养成逻辑思维。

商务活动环境相对较为复杂，活动双方彼此之间存在多种不同的称呼、询问、邀请等语言，译者在翻译时应顺应不同语言的表达习惯，选择符合目的语表达习惯的词，让译文能够更加准确和贴切地表达。我国著名翻译家赵景深先生认为，文本翻译的流畅性重要性要远高于还原性。例如，商务信函的称呼通常选用"Dear Sir/Sirs, Dear Madam"等。若翻译成"亲爱的…"，显然不符合汉语习惯，但是译成"尊敬的先生"或"尊敬的女士"就显得得体得多。同样，结尾处 Yours Sincerely, Sincerely yours 或 Yours truly 等若直译成"您忠诚的"或"您忠实的"也不符合中国信函的表达习惯，可用汉语书信中的套话翻译成"敬上""谨上""此致敬礼！"等。此外，英语信函中常见的"We are writing to inform you that..." / "We are pleased to inform you that..", 在翻译时我们应选用相对应的汉语常用的公函礼貌用语"特此奉告"，比学生的译文"我们来信告知你方""我们很高兴通知您"更加正式得体。另外一些客套语如"贵（方、公司）、冒昧、承蒙、谨、兹、收悉、祈谅、见谅、为盼、赐复"等词的翻译，在商务信函翻译中，学生并不能选出合适的词使得文本得体自然。再如，因为中英文化差异，中国人向来含蓄内敛，常用婉言曲语或强调客气，或表示推辞。汉语中的"我尽量去……"，学生翻译为"I will try my best to……"，英语国家的人们会理解为肯定回答，而实际上中文的说话者表达的是一种婉言拒绝。学生没有顺应文化差异的意识，导致商务交际活动受到影响。

二、顺应论在商务英语专业学生翻译教学中的应用

当前语境关系、客体结构、动态顺应以及顺应过程意识性都属于研究顺应论所涉及方面。本研究主要就商务英语专业翻译教学对于客体结构顺应应用进行研究分析。首先，在商务英语语境下体现为交际双方都会按照商务英语语境确定合适且各自能理解的语言。其次，选择不同的语码。语码即指行业专门用语，因此在商务语境中应熟练掌握行业专用语包括缩略词的释义。最后，根据商务场合的不同选择正式的或者非正式的语体，例如商务函电中通常选用十分正式的表达。如此能够将语言使用者积极的语用策略从选择语言、转化语码和选用语体的过程准确体现出来。其次，构建话语成分。商务语境选择句式应当按照语言层次来确定。最后，要对语篇和语言连贯性进行充分考虑后再选择语段，在保证信息主体结构的前提下，确定最为合适的句子顺序，所以商务英语专业学生可以通过了解顺应论的客体结构顺应而获得适当的翻译实践策略。

（一）增补信息

中文属于意合的语言，具有高度简练的特点，可以通过结合上下文确定文中逻辑关系，同时还能够借此了解说话者意图，话语中常常会省略一些信息。反之，英语，是形合的语言，为尽量降低歧义的出现，要尽量补充被省略掉的隐含信息，所以翻译无主句经常需要应用信息增补的办法。

没有主语的句子称为无主句。该类句子常在商务英语信函中出现，如此需要学生能够结合上下文内容确定真正的主语，并且将其补充到句中，以满足英语形合要求，确保句子完整。

例：特此奉告，我方于七月十三日预定的相机到了，但是我们很不满意。

参考译文：We are writing to inform you that cameras we ordered on July 13 arrived in unsatisfactory condition.

分析：句子从英语语法角度分析，其只有增加主语 We 后才能够完整，并且可以采取增加主语的方式完善此类无主句。

（二）凸显逻辑关系

中文与英文之间存在着较大的差异。从句子结构的角度出发，汉语作为表意文字，是由使用汉语的人来决定的，而英语作为表音文字，具有严格的句法结构。中文句子中往往存在大量的流水句，不同句子之间彼此相连，并且在多个句子之间可以隔断或相连。而英语句子在严格句法结构的限制下，极度重视显形接应，并且追求句子结构的完整性和逻辑关系，从而凸显出英语句子的以形显意的特点。语言使用者将句子内部成分之间

逻辑关系以及句子之间逻辑关系借助标记词体现出来，称之为形合；对话双方背景知识相同，所以双方能够在不依靠明显逻辑关联词前提下互相了解对方意图，称之为意合。对于意合句子而言，其形态标识语一般都不够明显。

（三）转化句式

汉语存在较多短句、英语存在较多长句；汉语谓语较多、英语修饰语较多；主动句在汉语中使用较为频繁、被动句在英语中使用较为频繁。如此皆为汉语和英语间的区别。所以在结合顺应论的前提下，需要借助词性转化以及合理使用被动句的方式，从而实现句式的转化。

转化词性。相比英语文本，汉语中谓语更多，在汉译英翻译商务信函的时候，若其句子中存在多个动词，则需要加强对主谓数的关注。

例：双方就运输方式交换了意见，没有提及交货时间。

参考译文：The two sides exchanged views on the choice of terms of transportation, but they made no mention of the time of delivery.

分析：上句中的"交换""提到"均为动词，可以转换其中"提到"的词性为名次，使得英语表达方式能够顺应，译文更加通畅自然。

使用被动句。英语普遍使用被动语态以提高自身的正式程度，该情况在商务信函等正式文体中较为常见。而汉语中普遍使用主动句，由于汉语自身存在丰富的动词，所以汉语中常见"被"字句和"把"字句。相对英语与汉语之间的差异，只有先对中英语言使用习惯进行充分了解，同时能够灵活切换被动和主动，才能够更好开展商务英语翻译工作。

例2：2004年，全世界范围内大约有两百万个机器人在使用。

参考译文：About two million robots were used all over the world in 2004.

分析：以上例子中，"机器人"与"在使用"之间的逻辑关系并没有表现出被动关系，但是其本身存在被动意图，所以在进行英语翻译时，尽管其字面没有"被"字，也需要将其转换为被动句，顺应英语表达习惯。

（四）跨文化意识的培养

商务英语翻译活动不仅要求掌握相关商务专业知识和英语语言特点，还应具备高度的跨文化意识，在翻译过程中做到文化信息的对等传递。例如，"以外贸为龙头"，在翻译时如果保留龙的意象，翻译出"with foreign trade as the dragon head"，西方人不知所云，在西方人眼中的龙是恐怖的怪物。根据其文化特点，翻译为"foreign trade takes the leading place"便可契合西方人的理念，受到人们的欢迎。

除了文化意象的翻译时需注意跨文化意识,在表达思维上,中西也存在差异。商务英语交际中,英语需要直截了当地表明核心思想。相比之下,中文则体现出复杂的曲线型思维。

例如:因为双方都负有责任,如损失全部归我们负担是不公平的,我们只准备偿付50%的损失。

译文:It shall not be fair if the loss be totally imposed on us as the liability rests with both parties.We are ready to pay 50%of the loss only.

分析:中文"双方都负有责任"先将原因进行解释,再表明态度"不公平"。英译时,考虑到英汉思维方式的差异,要直接优先表明态度"not fair(不公平的)",再解释原因,才符合西方思维方式。

第三节 商务英语翻译教学的生态化模式

从生态化的视角,分析商务英语翻译教学中存在的问题,并从教学目标、教学方法、教学内容等方面提出建设商务英语翻译生态化课堂的策略和方法。

随着网络和多媒体技术的飞速发展,商务英语翻译教学取得了长足发展,各种各样的教学模式不断出现,但商务英语翻译教学研究多围绕商务文本的特点、商务翻译的技能、译者能力提高等方面,从生态教育的视角对商务英语翻译教学的模式化研究却少之又少。实际上,教学效果的好坏与教育生态环境密切相关,因而以符合生态教育规律的生态学原理来探讨商务英语翻译教学的相关问题极其必要。

一、教育生态学

生态的概念。"生态"是指在自然界的一定空间内,生物与环境构成的统一整体,在这个统一整体中,生物与环境间相互影响、相互制约,并在一定时期内处于相对稳定的动态平衡状态。目前,生态学的思想、原理和方法已逐渐延伸到社会科学的各个领域,近年来,生态学逐渐进入教育学的研究领域,人们开始从生态学的角度关注教育和课堂教学,并逐渐衍生出教育生态学(ecology of education)。

教育生态学研究概述。教育生态学的研究起源于西方,由对人类行为的生态学研究发展而来。20世纪30年代,"生态学"一词正式引入教育研究中,其标志是美国学者沃勒(1932)在其著作《教育社会学》中首次提出了"课堂生态学"的概念。20世纪

70—90年代是国外教育生态学研究的兴旺发展期，许多学者从不同角度对教育生态学进行了深入研究。自21世纪初开始，我国大陆地区的教育生态学研究呈兴旺高潮之势。这一阶段的研究成果数量不断增加，研究成果质量不断上升，研究范围更加宽泛，研究视角逐渐由宏观转向微观。一批教育理论研究者和科研工作者将生态主题融汇于具体的微观学科，深入细致地研究了教育本身和内、外部生态环境间的关系。

近年来，外语学科的研究者们开始关注外语学科教育的生态问题，开拓了外语研究的新领域。何刚强（2007）在其专著《英语课堂教学的新发展》中，初步涉及了外语课堂的生态教学环境问题，孙广平（2008）认为2007年版的《大学外语课程教学要求》为教学理念的生态化提供了佐证。薛金祥（2011）运用生态学的方法，系统地分析了商务英语专业的人才培养新模式，拓宽了商务英语研究的范围。

商务英语翻译课程是商务英语专业的核心课程，与其他的课程存在着明显差异。首先，商务英语翻译课堂涉及双语文化，构成了课堂的独特生态环境，应合理利用这种独特的生态环境。其次，商务英语课堂应以教师为主还是以学生为主仍存在争议，以教师为主的教学模式主要是教师讲授翻译知识和技巧，以学生为主的教学模式是指课堂以学生练习为主，教师教授为辅。最后，商务英语翻译课堂应该以母语为主还是英语为主，课堂各要素间如何互相作用也存在争议。研究从以上几个问题为出发点，运用教育生态学理论，系统地构建商务英语翻译的教学模式。

教学目标是课程设置中最重要的一环，在教学方法、教学环境、师生角色、教学评价等方面起着决定性作用。各高校的商务英语专业都开设商务英语翻译课程，而该课程的教学目标却不尽相同。某些高校将教学目标定位为提高学生的跨文化交际能力，而有些高校的目标则是通过翻译练习提高学生的英语语言水平。造成教学目标混乱的主要原因是商务英语翻译教学缺乏整体安排、缺乏商务英语翻译方面的教学大纲，因而，教师在教学的各阶段只能凭借个人在学习和教学中的经验制定教学目标，不可避免地出现杂乱无章、知识点重复的问题，不仅浪费了时间，而且影响了学生学习的主动性。

商务英语翻译课程教学内容的陈旧主要体现在所用教材的内容与时代脱节，由于出版时间较早，商务英语翻译课程所用教材的内容过于陈旧，随着时代的发展变迁，商务文本的语言特点和篇章特点都已经发生了变化，但由于教材没有及时更新，学生的课堂所学与翻译实践不一致。除此之外，教材的质量也参差不齐，有些教材由于准备时间短，东拼西凑，内容无法形成体系，给学生的学习造成了负面影响。

目前商务英语翻译课堂仍然采用传统的讲解法。教师通过练习和讲解，帮助学生理解翻译文本的特点、翻译理论知识和具体的翻译技巧。讲解法在知识内化的过程中发挥了不可忽视的作用，但同时也给教学带来了问题。首先，课堂气氛沉闷，学生积极性不高，这种教学法的中心仍然在教师身上，教师教、学生学，学生的自主性不强，因而无法调动学生的积极性。其次，教师过分偏重技巧的讲解，并没有帮助学生调整思维，适应翻译中的转换过程，翻译的实质就是语言间的转换。转换既需要语言知识，同时也需要思维方式的转变，在以教师为中心的课堂上，思维的转换很少涉及，因此，学生在实际翻译过程中仍然无法将课堂所学应用到翻译实践中。

二、构建生态化商务英语翻译课堂的策略

制定生态化的教学大纲。生态化的教学大纲注重将商务专业知识与翻译理论技巧有机结合，注重建立生态化的教学环境，根据学生的具体需求，合理安排学习目标。生态化的教学大纲明确教学目标，使教师清楚地了解教学内容、教学过程和教学方法等，同时鼓励教师根据学生不同学习阶段的不同要求，从不同方面讲授翻译的技巧和知识，将语言知识、文体知识、商务专业知识巧妙地融入翻译理论和技巧的讲解过程中，以体现商务英语翻译课程的综合性、系统性和科学性特点。只有从宏观上对课程的目标和设置进行把握，才有可能从微观上对课程内容进行深入研究和探讨。

选择新版的权威教材。教材内容无法与时俱进是造成商务英语翻译课程教学内容与翻译实践脱节的重要原因。因此，教师在选择教材时应尽量选取出版日期较新的教材或者再版的教材，这样可以保证教材内容的先进性，突出商务英语翻译课程的实用性特点。此外，在选择教材时教师还应当注重所选择教材的权威性。目前，商务英语教材种类繁多，但很多教材是短时间内东拼西凑而成，不仅在内容上无法保证系统性，而且在质量上也参差不齐。教师应当选择著名出版社或者专业出版社出版的新近教材，或者国家"十二五"规划教材，以保证教学内容的实时性、系统性和准确性。

教学方法的多元化。在教学中利用多媒体等辅助教学，教师可以利用音频和视频文件向学生展示工作中可能碰到的翻译实例。通过大量的翻译练习，使学生对翻译实践有更加清晰的认识，不断提高翻译的创造能力。此外，翻译创造能力还可以通过摘译、重写、改编、评译等途径来提高。翻译自主学习平台的建设是实现翻译教学手段多样化的重要条件之一，翻译学习自主平台是一个大型的翻译练习数据库，通过上传各种不同的翻译文本，在锻炼学生翻译机能的同时还能帮助学生获得检索资料的能力，鼓励学生多涉猎专业以外的知识，这对加强其翻译能力大有裨益。如让学生选修会计专业的会计学原理或经济学院的西方经济原理等课程。通过此种方法既扩大了学生的知识面，又培养了他们的翻译创造能力。

加强师资队伍建设。全方位地提升师资质量，更好地进行商务英语翻译教学。根据商务英语翻译课程专业性、实用性强的特点，师资队伍建设可以从以下几方面入手：鼓励英语教师学习商务专业知识，定期召开教研会议；鼓励商务专业教师学习英语，加强教师队伍的专业性和水平；教师自行制订培训计划，通过网络课程、参加会议等方式完善自身知识结构，提高自身教学水平，以胜任商务英语翻译教师的岗位。

商务英语翻译课程教学目标是培养符合适应市场需要的实用型翻译人才，目前，商务英语翻译课程存在较多问题，需要各专家学者和一线教师不断研究和讨论。但无论是教学内容还是教学方法，其解决办法都必须围绕培养符合市场需要的人才这一目标展开。

第四节　普通高校商务英语专业翻译课程教学模式

通过梳理普通高校商务英语专业翻译课程教学模式的现状，指出当下其教学模式存在的课程定位与目标不明确、缺乏专业翻译教材、课程设置不合理、教学方法不合理等问题，有针对性地从教学模式、师资、教材等方面提出改进策略。

商务英语翻译课程是商务英语专业课程的重要内容，许多高校都开设了商务英语专业翻译课程，通过对学生科学、系统的教学和训练，帮助学生掌握常见商务文本的翻译，例如企业文书、广告宣传、说明书、交易合同等的翻译；账务口译技巧，熟练地从事外贸接洽、会展及产品介绍等口译工作。但是，现在许多高校商务英语专业翻译课程教学存在问题，如课程定位与目标不明确、缺乏专业翻译教材、课程设置不合理、教学方法不合理等，影响英语翻译教学水平和效率，亟待采取有效的措施加强商务英语专业翻译课程教学。因此，文章针对高校商务英语专业翻译课程教学模式现状和途径的研究具有非常重要的现实意义。

一、普通高校商务英语专业翻译课程教学模式的现状分析

目前，我国众多普通高校商务英语专业翻译课程教学依然采用传统的教学模式，教学目标及职业的针对性不强，导致教学过程中存在以下问题：

课程定位与目标不明确。许多人错误地将翻译课教学等同于培养翻译家，当然，并不排除从课堂上走出翻译家，但是应该清楚地明确商务英语专业翻译课程教学的目的是让学生了解、认识翻译的理论和掌握相应的技能，为以后的发展奠定坚实的基础，而不仅仅是成为翻译家。但是，许多教师缺乏科学、可行的纲领性教学执行文件，课程教学

定位和目标不明确，导致教学存在较强的盲目性。

缺乏专业的英语翻译教材。由于缺乏专业的英语翻译教材，许多高校采用的翻译教材良莠不齐，许多内容不适应高校翻译专业学生的认知水平，更不能满足当今社会的需求。许多高校商务英语专业翻译教材的内容是东拼西凑的，许多内容和时代严重脱轨，并没有遵循商务英语翻译和实务相结合的原则，导致学生学习目标不明确，影响学习效率。

课程设置不合理。许多高校各自为政，在不同的学期开设不同的翻译课程，教学课时的分配也存在很大的差异，有的每周设置4个课时，有的每周设置3个课时，有的每周设置2个课时，导致出现这种现象的原因是没有考虑课程的逻辑关系，并没有认真计算翻译课程理论知识、技能培训所需要的时间，导致课程教学计划比较混乱，不利于学生的学习，影响教学效率。

教学方法不合理。许多高校商务英语专业翻译课程教学依然采用传统、单一的教学方式，教学课堂气氛沉闷，并没有将现代教学方法、设备应用在翻译教学中，许多教师依然采用传统的教学方法和工具，需要花费较多的时间用于语言结构和语法学习方面，留给学生进行翻译训练的时间相对较少，在规定的教学时间内并不能够完成教学任务，学期结束并不能实现整体教学目标，难以提高学生的英语翻译水平。

二、提高普通高校商务英语专业翻译课程教学效率的有效途径分析

改善师资。英语教师素质水平是影响高校商务英语专业翻译课程教学水平的关键，要改善师资，必须从以下几个方面进行：首先，鼓励英语教师进修商务方向的第二专业，以此提高教师的英语水平和商务知识水平；其次，通过招聘，聘请具有外贸背景商务实践经验及具有英语专业背景的兼职教师；再次，实施校企联合，高校和外贸企业合作，由外贸企业具有丰富外贸经验、商务理论知识及扎实英语工地的工作人员兼任教师。

教材改革。英商务英语专业翻译教材难度不适合学生基础，内容与时代脱轨，是影响教学水平的重要因素，教材改革的目的在于在有限的时间内学到职业岗位所需要的英语知识与翻译技巧。因此，在选择教学内容时，应该以商务英语翻译项目为教学内容，例如广告翻译、商务名片翻译及商标翻译等，以此提高教学内容的实用性和针对性，将翻译理论、翻译技巧等渗透在翻译实践中。教学内容改革的重心在于提高学生商务文本及实用性的翻译能力，在商务场景、日常训练过程中，熟练掌握常用的翻译技能，在国际商务活动中，提高商务英语翻译专业学生的实际英语翻译能力。同时，可以把学生社

会调研、教师社会实践、翻译社及历届优秀毕业生引入实训教学中,这样不仅能够提高学生的学习积极性和主动性,还能够提高学生的实践翻译能力。

采取多样化教学模式。"教无定法",在进行商务英语专业翻译课程教学时,应该采用多样化的教学模式,具体包括以下几个方面:

(1)推广使用"项目导向教学模式"。全球化背景下的语言与商务文化学习,已经成为世界潮流,沟通异质文化的商务翻译人才培养正成为国际贸易发展中至关重要的竞争战略。"项目导向教学模式"是国内商务英语专业常用教学模式之一,体现了当今高校外语职业化专业教育的最新理念。它打破了课程内容界限,把课程教学内容分割为与专业密切联系的企业项目与任务,并将课堂与实训室一体化,根据项目组织实施教学与考核,实现课程项目化、学习自主化、教学互动化、技能训练专业化,达到在教学实践中探索高技能人才培养规律的目的。该模式很好地体现了职业教育人才培养目标,把学生的职业能力和课程教学直接挂钩,受到了国内外专家的一致推崇。以长江大学外语学院英语专业学生为例,实施"项目导向教学模式"的步骤为:首先,对长江大学外语学院英语专业、商务英语专业数百名学生进行抽样调查,了解学生翻译课程学习与技能掌握整体现状,通过走访省内外五所高校商务英语专业,了解其教学模式与方法,获取课程改革的第一手资料;其次,通过走访本专业五家合作企业,了解企业在商务英语翻译方面的翻译对象、要求,制定符合本专业培养需要的教学大纲、内容;再次,通过建立翻译工作坊,建立仿真商务英语翻译校内实践基地,密切联系合作企业,嫁接校企,做到内容、过程、方法与现实需求的真实对接;最后,通过加强专业教学与企业需求之间的联系,做到内容对接、及时评价、反馈与调整。通过实践表明,"项目导向教学模式的应用",对于社会健康发展、个人全面发展及高等教育改革与发展具有重要意义,其中,尤其突出的是可以带动社会经济发展。

(2)推广使用"课、赛、证"三位一体教学模式。"课赛融合"是现代高校商务英语翻译教学改革的必然趋势之一,定期举办英语竞赛,让所有的学生都参与竞赛,让学生将课堂上所学的知识应用在实际生活中,既能够激发学生的学习兴趣和主动性,还能够让学生学以致用,例如"英语公示语大赛"和"商务英语翻译"课程的融合,"课证融合"指的是将根据职业考证的需求进行课程设置和教学,教学内容必须和考证内容保持一致,通过课程教学,学生学习与职业证书考试相关的内容。例如,开设考取如人事部翻译证书、教育部翻译证书、口译证书、外事联络陪同口译水平认证证书等,这种具有针对性的教学,既能够提高学生的翻译水平,又能够获得相关证书,为学生以后的从业提供便利。

（3）案例教学模式。案例教学模式源于工商管理专业，当时由于缺乏教材，一些教师深入企业，采访企业管理层，并将它们的商务活动案例记录下来，通过整理之后制作成教学材料。案例教学模式在高校商务英语专业翻译课程教学中的应用，需要"双师型"教师，即同时具有商务实践经验和英语专业知识的教师，根据教学大纲及市场需求，制定教学案例，通过分析、讨论及总结之后编写报告，通过案例模仿演示，让学生在实践的过程中练习和复习语言技能和翻译技能。案例教学模式是一种理论联系实际的教学方式，其难点在于许多高校缺乏"双师型"教师，要求现代高校聘请外贸企业或者国企多年从事商务活动的人员到学校兼职或者开设讲座。

多媒体课件的应用。高校商务英语专业翻译课程教学的目的在于培养既具有翻译理论知识，还需要具有实践技巧的复合型翻译人才，在商务英语翻译课程教学过程中，引入多媒体课件，教师借助多媒体设备能够实施更有效的教学。多媒体教学设备的应用，利用丰富、有趣的教学信息，在短时间内将尽可能多的知识和技巧传递给学生，这样能够提高学生的学习兴趣和积极性，更加主动地参与到英语翻译教学中，显著提高教学效率。同时，采用多媒体设备能够创设具体的教学情境，例如，创建商务应用场景，由学生扮演商务活动中的角色，在实践的过程中帮助学生更好地理解和掌握教学内容，同时让学生在体验的过程中享受课堂教学的乐趣，显著强化教学效果。

基于经济全球化发展背景，世界各国之间的贸易往来和沟通交流越来越频繁，英语作为各国之间交流的重要语言，商务英语的重要性不言而喻。但是，针对我国高校商务英语翻译专业教学现状进行研究可知，高校商务英语专业翻译教学形势不容乐观。因此，应该采取有效的途径加快高校商务英语专业翻译课程教学改革，增强商务英语翻译课程教学的针对性、实用性教学，从师资、教材、教学模式及教学手段等方面加强商务英语翻译教学，进而为国家和社会培养一批综合素质高的商务英语翻译人才。

第五节　词块理论的商务英语翻译（笔译）的教学模式

商务英语具有鲜明的行业特点和独特的语体风格，含有大量的专业术语、缩略语和程式化套句，词块具有形式上的整体性和语义上的约定性。基于Lewis的词块教学理论，将词块融入商务英语翻译（笔译）课程中，探讨基于词块理论的商务英语翻译（笔译）的教学模式、优势及其应用的可行性。

《国家中长期教育改革和发展规划纲要（2010—2020）》指出："培养大批具有国际视野，通晓国际规则、能够参与国际事务和国际竞争的国际化人才。"在经济全球化发展的今天，国际商务交流活动日益频繁，社会在精通专业知识同时又掌握一门外语的复合型、应用型的高素质的外语人才的需求也不断增大，培养具有良好的语言能力和跨文化交际能力、适应社会需求的外语人才成为高职外语教学的主要目标。综观高职商务英语专业学生的英语笔译能力现状，中译英较突出的是学生英文商务词汇量少，不能熟练掌握商务词汇，语言表达中受母语干扰大，在表达时"中国式英语"居多，造成译文不符合英语表达习惯、意义不连贯等问题；而英译中就表现为学生不了解商务词汇和商务文体结构，影响了语言表达的准确和流利。高职院校外语专业学生毕业后从事的商务翻译包括商务信函、法律文书、协议和合同等公文文体的翻译，由于商务英语翻译不同于基础翻译，商务文体含大量的专业术语和程式化套语，本节旨在探讨词块教学法在商务英语翻译（笔译）课程中的教学模式、优势及其应用的可行性。

一、词块教学的理论依据

Lewis认为，语言并非由传统的语法和词汇组成，而是由多词的预制词块组成，这些词块分布在一个具有生成力的连续体上，是人们理解语言模式的原始数据，语言习得的一个重要部分在于理解和产出这些不可分析的整体词块。在此之前，不同的学者已使用了不同的术语表达词块的概念：Bolinger（1975）称之为预制板块；Krashen&ScarceUa（1978）称之为半固定式的短语；Peters（1983）称其为可解析填空的套语框架。从20世纪80年代起，词块研究受到广泛关注，出现了程式语（formulaic sequences）、语块（chunks）、非分析性语块（unanalyzed chunks of speech）、公式语（formulas）、词汇短语（lexical phrase）、词汇化句干（lexicalized sentence stems）、多词单位（multiword units）等40多种不同概念的术语。Lewis认为，大量的语言是由词块构成的，词块是事先预制好且被频繁使用的多个词的组合，这种组合有其特定的结构和相对稳定的意思。马广惠将词块定义为由多词组成，可以独立用于构成句子或者话语，实现一定语法、语篇或语用功能的最小的形式和意义的结合体。简言之，词块是大于词、小于句子的语言单位，可以独立运用，而且是连续的、具有完整的意义或明确的功能。

词汇作为语言的三大要素之一，是人类表达思想、传递感情的载体。Lewis认为，学习词汇是语言习得的中心任务，每一项能力的学习和提高都离不开词汇。他提出，词（lexis）可以包括四大类：单词和短语（words and phrases，如cover"投保"，B/L（Bill of Lading）"提单"，deal in"经营"）、高频搭配（frequent collocation，如on the basis of"在……的基础上"）、惯用话语（institutionalized utterances，如subject to your confirmation"以你方确认为准"）和句子框架和引用（sentence frames and heads，如

through the courtesy of "承蒙……的介绍")。词块具有的稳定性、扩容性和互选性，融合了语法、语义和语境的优势，把知识和应用有机结合起来、激活真实场景，对于学习者语言表达的地道性和熟练程度的提高大有帮助。

二、商务英语翻译（笔译）课程的教学特点

商务英语是国际商务领域和活动中使用的英语，包括语言知识、交际能力、专业知识、管理技能和文化意识。邹美兰（2004）认为，商务英语的三个组成要素分别是商务背景知识（background knowledge of business）、商务背景中使用的语言（language in business settings）和商务交际技能（business communication skills）。商务英语涵盖了商务理论类课程的知识体系，如：报关实务、国际货运代理、国际结算、国际贸易实务、国际商法、商务洽谈、外贸单证和经济学等，又投影了语言基础类课程的应用价值，如：大学英语、经贸英语、商务英语、实用英语写作、英语阅读和英语视听等。商务英语翻译（笔译）课程旨在使学生养成和具备专业商务翻译人员优秀的职业素养与扎实的职业能力。

商务英语翻译（笔译）是高职院校商务英语专业学生的主干课和必修课，课程的主要内容涉及商标商号、名片、广告、说明书、公关文稿、企业简介、商务信函、商务报告等的翻译，因此本课程有其鲜明的专业特点，书面用语高度专业化，具体表现在约定俗成的大量的专业术语、缩略语以及商务文体中的程式化套句，尤其在商务活动中出现的建立贸易关系、询盘、还盘、包装、装运、保险、索赔等环节以及商务信函等。由于商务英语翻译（笔译）课程中的商务词汇具有相对固定的结构并表达一定的商务意义，因此可称其为"商务英语词块"。商务英语教学中，"词块教学是使商务英语中公式化的词块进入以记忆为基础的表征体系的最佳途径。"运用词块教学理论，把公式化的"商务英语词块"运用于商务英语翻译（笔译）课程的教学，由于词块本身所具有的稳定性、扩容性和互选性，有助于学习者理解语言材料、有效构建语篇的材料从而提高语言流畅性、句子连贯性和语义完整性有很大的促进作用。

三、词块教学运用于商务英语翻译（笔译）课程的优点

（一）提高翻译的地道性和准确性

商务英语书面用语高度专业化，商务活动的各环节以及协议、合同和单据等存在的大量的专业术语、缩略语。商务英语翻译（笔译）课程中，词块具有形式上的整体性和语义上的约定性，词块应作为词汇的最小单位进行教学和学习。词块所具有的结构稳定

性使其能够以模式化的结构并以整体形式被记忆储存，在需要时能够被即时整体提取。学习者经过一段时间的学习、积累和分类记忆商务英语词块后，在翻译时就能绕过语法直接迅速在记忆中检索并提取相应的词块，避免错误和不恰当的搭配，能够提高翻译的流利程度和得体程度。因此学习者商务词块的积累的多少会直接影响译者对材料的理解及翻译。

（二）增强译者语感和语义表达的得体性

除了专业术语和缩略语，商务英语中特别是商务信函会使用固定的套句，如 In view of these facts "鉴于这些事实"，As requested we are sending…"按你方要求现奉上……"等。英语商务信函具有语气委婉礼貌、用词简洁准确、行文严谨得体等特点，但受母语的负迁移的影响，学生的译文往往不符合商务文本规范，语言表达不得体，常出现"中国式英语"。词块作为预存在学习者头脑中的语言知识，在语言的输入和输出的加工中可以直接使用，词块中的固定句子框架能帮助译者完成商务文本中相应句子的建构或篇章的建构，使译者在熟悉相应商务文体的固定句型的基础上，使语句表达礼貌、得体。通过词块中固定套句的积累，译者的语感会逐日增强，翻译时语义表达也会更为得体，大大提高商务文体的契合性，因此掌握词块库中的固定套句对于句子翻译、篇章翻译都大有帮助。

（三）建立并保持学习者的信心和学习热情

学生在学习商务英语翻译（笔译）课程时，常出现畏难情绪。在教学中，教师通过短时间的词块竞赛、游戏活动、词块听写、词块中英匹配、短句翻译等活动，帮助学生建立信心，使学生在学习活动中有成就感以激发学生学习词块和完成翻译任务的热情。随着学生词块记忆和转化能力的逐渐加强，学生在翻译过程中能够克服母语负迁移，对部分需要翻译的内容可以在自身的记忆词块库直接调取使用，减少了部分语言转化和加工的工作，学生的学习的压力和焦虑感随之降低，有利于课堂教学活动的开展。

四、商务英语翻译（笔译）的词块教学模式

商务英语的语言地道性和真实性体现在商务语言具有语块性特征。在商务英语翻译（笔译）课程的教学中，商务词汇量大而且某些词块的重现率高，把词块教学作为教学的突破口，能为学习者进入深层次的学习打下良好的基础，提高商务文本翻译的准确性和地道性。

（一）增强词块意识、形成词块记忆和学习习惯

在学生首次接触商务英语翻译（笔译）课程时，有意识、有目的地帮助学生建立词块意识、提高学生对词块学习重要性的认识，引导学生在学习中注意积累商务词块；通过同一词或词块的普通词汇意义和商务词汇意义的比较，激发学生学习商务词块的兴趣，如 general average 应译为"共同海损"而非"总平均数"，article number 应译为"货号"而非"文章号码"，sight draft 应译为"即期汇票"而非"视线稿件"，down payment 应译为"预订金"而非"付款"等。学生通过比对同一词块的字面意义和商务意义后，能较快地形成词块意识，自觉积累商务英语词块，同时教师还应提供商务词汇学习工具书、商务英语词汇学习网站，商务英语词汇记忆（游戏）软件等，此外，教师还可在每次上课时先给学生 10 个商务中英对照的词块要求学生在 3～5 分钟记忆，然后进行听写或中英文词块的匹配的练习，帮助学生在短时间内强化记忆商务词汇，经过一个学期的积累，学生能掌握近 200 个商务词块。学生通过这种有挑战性的活动，养成定期记忆和积累词块的习惯，进一步增强语感，为从事商务句子翻译和篇章翻译打下良好的基础。

（二）进行商务词块分类、建立动态商务词块库

商务英语涉及的范围很广，在长期的商务活动中形成的固定词块很多，对商务词块进行分类、建立动态项目词块库是指导学生进行有效记忆和提高翻译能力是一种有效的方法。教师根据商务活动的环节，将词块按建立贸易关系、询盘、还盘、包装、装运、保险、索赔等进行分类，然后在网络交互平台、BBS 论坛，或博客中建立"商务词块库"，教师在词块库中给每类词块只提供 15 个最常用的词块，再把全班学生按小组分配，每周每小组负责词块库中某一类词块的添加，学生需通过参考书、网络或根据学习中积累的词块，通过小组的共同努力后添加词块，之后每周每小组轮流到词块库添加另一类词汇，各小组添加的词块都上传到网上的共享空间中，每周教师会到词块库中检查和更正，把各小组对词块库的积累作为期末评定成绩的项目。教师鼓励和激励学生对词块库添加和积累词块，使学生在活动中一方面通过小组讨论进行词块的积累和学习，另一方面商务词块库随着词块的不断添加也形成动态的词块库，使学生有成就感和满足感，实现资源的共享，更好地促进学生对商务词块的学习。

（三）成立"翻译作坊"、强化词块训练

词块教学能从一定程度上辅助商务英语翻译（笔译）课程的教学，在教学中可以尝试成立"翻译作坊"。所谓翻译作坊（Translation Workshop），是"类似于商业性的翻译中心，几名译者凑集在一起进行翻译活动。在翻译过程中，译者们相互交流，通过合作来解决翻译中的实际问题"。根据不同院校的教学条件，"翻译作坊"可以分为网络环境

模式和非网络环境模式。网络环境下的"翻译作坊"是在多媒体教室中（由学生电脑、教师主机、服务器和控制台通过通信线路和教室网络软件连接起来的小型局域网），组成不同的"翻译作坊"，学生之间可以进行网络交流和讨论、发送邮件，教师可以通过主机讲课，发放相关翻译理论资料或下达翻译任务，提供网址、电子书等参考资源，指导学生进行深入探究和学习，引导学生进行实质性讨论，或在网上布置、收发、批改学生作业。网络环境下，能充分发挥网络的扩展性和时效性的优势，使学生翻译学习更便捷、更深入。非网络环境模式是指在普通教室中，学生分为不同"翻译作坊"，教师与学生、学生与学生之间面对面地进行交流的学习方式。

在教学中，教师可适当参与各翻译作坊的分析与讨论，请各"翻译作坊"的代表发言，评论各作坊的译文的优劣，教师分别对发言做出相应评价，特别对于商务词块的翻译，给学生作进一步的比较，分析各作坊的翻译的优缺点，如有需要可以通过词块替换练习、词块翻译、词块听写、词块游戏等练习帮助学生进一步强化商务英语词块的学习。通过"翻译作坊"这种实践性、参与性、协作性较强的教学模式，能强化师生之间、学生与学生之间的互动，激发学生的学习兴趣和竞争意识，发挥团队协作精神，提高语言输出的准确性和流利度，有助于译者提高语篇理解能力和语篇组织速度，增强学生语言输出的条理性与清晰性。

商务英语翻译（笔译）课程旨在使学生养成和具备专业商务翻译人员优秀的职业素养与扎实的职业能力，将词块理论融入商务英语翻译（笔译）课程的教学中，能帮助学生建立和保持学习信心，为进一步深入学习打下良好基础，同时词块学习能够提高学生的语言输出能力，对语言表达的准确、地道和得体也大有裨益。

第六节 就业导向下的商务英语翻译人才培养模式

商务英语翻译工作是一项专业性较强的行业，需具备较高的专业技能及综合素质，它是商务、经济、学术讨论等活动有效开展的重要媒介。全球化经济的到来，使得市场上对专业的商务英语翻译人才需求量猛增。本节通过阐述商务英语翻译人才的市场需求情况，及就业导向下的商业英语翻译人才培养模式存在的问题。高校在开展教学工作时，应改变教学思维模式丰富教学资源，更新教学理念，完善商务英语课程体系，提高学校的教学质量。

商务英语翻译是高校所设置的商务英语专业的主要学习课程，目的是培养学生在商务活动中能实时、准确地进行英汉互译。向客户正确传达信息，促进交流工作的有效完成。具备这样的工作能力，也是目前市场对商务翻译人才的需求标准。但目前的实际情况并不乐观，出现商务英语翻译人才紧缺，但相关专业的毕业生却无法顺利就业的尴尬局面。原因是受传统培养商务翻译人才模式的影响，使得各高校无法有效完成教学目标。大多高校毕业的商务英语翻译人才，与社会人才需求标准无法匹配。

一、商务英语翻译人才的市场需求

全球经济时代下，我国经济迅猛发展。大量外企进入我国境内进行投资，而中国的企业与外企合作也越来越深入。中国文化、学术等各领域都频繁与各国进行交流，英语作为世界上应用最广泛的语言交流工具，在商务等活动中，各国人员通常都会使用英语进行交流。而与英语专业紧密相连的行业有外贸、海关、旅游等涉外工作，都需频繁进行涉外工作。因此相对也出现新的问题，各行业频繁的涉外工作导致商务人才翻译需求量上涨，尤其具有较高专业素质的翻译人才，市场上尤为短缺。根据市场需求反馈，我国商务英语翻译人才的需求，特别是具有扎实翻译功底及同传商务翻译人才的需求，与市场翻译人才现状存在很大的差异。虽然我国各高职院校，针对社会的发展趋势开设了相应的商务英语专业，但仍无法满足时下市场对商务英语翻译人的需求。

二、就业导向下，商业英语翻译人才培养模式存在的问题

英语教学内容较陈旧。当前我国各高校开展商务英语教学使用的教材有所不同，但大多使用的是《大学商务英语翻译教程》和《商务英语翻译》。这些教材相对于英语专业商务和经贸、金融专业的学生较实用。但相对想专门从事商务英语翻译工作的学生来讲，缺乏一定的针对性和极强的专业性。且教材中的内容与当下实际生活所需的专业内容并不十分匹配，无法满足市场对商务翻译人才的需求标准。基于这样的教材开展教学的过程中，教师无法有效、合理地开展教学内容。学生在学习的过程中，也会感觉无法有效提高学习质量，造成学生学习积极性下降。教材是开展教学活动的基础，若教材的内容无法吸引学生、且不具备一定的专业性，那么，这在很大程度上影响学校的教学质量与教学效率。这样的恶性循环，对培养较强的专业商务英语翻译人才也就无从谈起。因此，高校若想改善这一教学困境，当务之急应对教材重新编制。

教学课程安排过于片面。我国的教育领域中，长期受传统教学模式的影响甚深。在课堂教学工作中，教师往往重视理论知识的灌输，而严重忽略实践教学的重要性。而商务英语翻译工作，不仅需要一定的英语技能，它需要更多的专业知识才能使学生成为合格的商务英语翻译人才。而目前高校在教学活动中，课程安排过于片面，也不具有专业

特色。即便是在理论教学中，教师也是更注重英语专业方面的教学，向学生传授英语词汇、语法等方面的基础知识。学生在学习的过程中，实训机会较少，缺乏一定的语言锻炼机会，无法将理论知识在实践中应用。学校在商务英语课程设置上，多是以商务知识、英语知识为主，翻译技能教育课程较少。这样的课程安排缺乏一定的科学性与专业性，无法提高学生的专业技能与职业素养。单就学生学习相关英语方面的课程安排而言，因在教学过程中教师过于重视理论课程，使学生无法熟练地利用英语进行沟通。这也正是为何每年我国高校有大批商务英语翻译专业的学生毕业，但市场上仍缺少大量翻译人才的主要原因。

三、就业导向下的商务英语翻译人才培养模式改进策略

改变教学思维模式，丰富教学资源。各高职院校若想提高学生的专业技能，选择合适的教学内容十分必要。目前很多高校在开展英语翻译教学工作过程中，仍单一使用国家统一制定的教材开展教学。因教材受各种因素的影响与制约，课本内容无法进行实时的更新。商务英语翻译教材理论知识与实际生活相对产生脱节的现象。而商务英语翻译工作却是实效性很强的工作，它需翻译人才以最新的思维及话术进行实时翻译。因此，高校在开展英语翻译教学时，应及时调整教学资源的内容。课堂教学过程中，教学资源应选择新颖、职业性强、编排合理、与实际生活紧密相连的内容。当前高校大多数商务英语教材，都是以经贸类英文原文为主要教学资料，附加英语词汇、语法、句形等方面的训练。教材中的文章来源具有重复性，缺乏一定的专业特点与就业针对性。就业导向下，高校在选择教学内容时，应注重教材选文的系统性、专业性、时效性。结合市场对商务翻译人才的需求标准及学生特点，制定科学、符合教学目标等因素的本校特订教材。高校在制定校本教材时，应保证所选的教学内容具有较强的商务英语翻译人才所需的专业性更强的知识。切实提高学生的专业技能及职业素养，使学生能在实际工作中熟练发挥自己的翻译才能。当然，制定教学内容过程中，应注意提升、改善教材内容的规范性、实用性等，以此可满足市场对商务英语人才的特殊需求标准。基于互联网技术环境下，教师应顺应时代的发展，改变自己固定的教学思维模式，借助互联网中的海量信息获取合适的教学内容，可极大地丰富学校的教学资源。教师利用更合理、专业的教学内容开展英语教学，对提高学生商务英语翻译技能有很大的促进作用。

更新教学理念，完善商务英语课程体系。现代商务活动所涉及的行业、专业较多，具有一定的多样性、复杂性，这为商务英语翻译人才的专业技能及职业素养提出更高的标准。若想未来能更好地胜任商务翻译工作，学生在职业教育中需完成语言技能、商务

知识、职业实践等方面的训练。高校在开展这一系列教学时，应摆脱传统英语课程教学体系的束缚。创建以市场未来需求和就业需求为导向的教学目标，建立完善的英语课程体系。基础英语实际训练、商务英语翻译实际训练、外贸综合技能等课程能相互渗透、交叉循环，提高学生未来就业岗位知识、交际能力及商务英语翻译等能力。培养学生具有高素质的复合实用型人才，提高学生的市场竞争力及就业优势。除此之外，商务英语知识能力课程、公共职业能力课程等也应不断地改进与完善。加强学生听、说、读、写、译、等方面的训练，并结合商务礼仪、企业管理、金融、营销等领域中的行业规范用语对学生进行综合实训教学。强化学生多方面的知识技能，提高学生的综合职业素养。高校在开展教学过程中，可加设与商务英语翻译工作相关的选修课程，使商务英语课程体系更加丰富与完善。一个完整、科学的商务英语课程体系，不仅仅是令学生学习基础商务英语理论知识，在保证学生熟练利用英语进行交流及翻译基础，还应令学生学习不同国家的文化、礼仪、风俗习惯、职业道德教育、思想政治教育等知识内容。这样，学生在未来从事商务翻译工作时，才能更游刃有余地完成工作。

总之，笔者通过对市场的分析及商务翻译人才培养模式的了解，得知高校在教学过程中的教学目标与教学方法的重要性。高校教育工作者们应不断地改变自己的教学思维模式与教学理念，在行业工作中能不断地反思、总结，创建更完善的、更科学的人才培养模式开展教学工作。这样，才能真正培养出高素质、具有较高业务能力的人才。

第七节　商务英语口译脱壳教学模式

本研究的目的是通过建立本科口译课程的脱壳教学模式来培养学生的目标语语言表达习惯，降低其认知负荷，从而在牢固口译基础知识的前提下提高其商务口译的准确性。商务英语口译课的脱壳翻译模式是在商务口译环境下建立起来的稳定的口译理论系统和具体结构框架，并根据这些系统和框架来安排口译课的授课内容和活动。该模式通过设立宏观和微观的脱壳教学模块，在完成口译基本技能授课的基础上，摆脱源语句式束缚，实现句群之间次要信息的省略以及句群之间的整合，从而完成脱壳性转码。教师在授课过程中要辅助以必要的商务领域背景知识和专业词汇，在这些专业知识的辅助下，学生通过掌握商务英语口译中常见的固定语义场意义来完成商务英语口译教学脱壳模式的学习。

培养商务英语专业学生的口译能力，是商务英语教学中的重要任务。这种应用型人才培养需求使得口译教学的目标特点体现为教学内容与职业内涵的高度统一、课程设置和就业能力的高度统一，以此帮助学生顺利过渡到口译译员的职业状态。由于口译课对学生的英语听说读写译基本功要求较高，口译能力培养成为本科教学的瓶颈。

一、口译的认知特点

口译，无论是简单形式的陪同翻译，还是难度较大的同声传译和交替传译，从认知角度来讲，其工作机制都可以归纳为输入（源语）、认知加工和输出（目标语）三个环节，而且三大环节互为前提、相互作用，任何一个环节的差错都将严重影响翻译质量。大量的实践与理论研究表明，在接受同样的语言训练和语言技能水平相当的条件下，口译质量取决于元认知能力的差异，该指标可以用来反映认知加工的努力程度或认知负荷的大小。元认知概念源于美国心理学家弗拉威尔，它指的是"个体关于自己的认知过程的知识和调节这些过程的能力"。元认知策略经常被等同于学习策略，指学生对自己的认知过程及结果的有效监视及控制的策略。口译过程反映了"元认知策略"的基本要素：译员根据持续的语流输入，形成对源语的正确理解和加工，最后形成正确的译文。在语言能力相同的前提下，不同译员口译效果的差异，是由译员心理认知加工能力的差异造成的，这种能力取决于译员多种认知流程——输入语理解、头脑加工、抑制机制、脱壳机制、输出机制之间的平衡。口译工作具体的认知特点和工作机制在陪同、同传和交传等不同的口译形式下会有所不同，但不同的口译工作具有如下共性：要形成良好的精力匹配模式，调整好"理解输入语""头脑认知加工"和"输出目标语"之间的关系。

口译实践中，译员要顺利地完成口译任务，需要调动两大类认知模式来进行信息加工：一是源语驱动模式，即根据源语的输入内容，简单地进行词汇和语法层面的加工，完全折射源语，话语语言层面到心理认知层面之间的过渡直接而无深层加工；二是脱壳模式，即根据译员长期记忆和储备的知识，结合现场场景，进行结合式、有选择地翻译，亦即所谓的脱壳。在这种认知模式下，篇章意义远远超过句子的意群和词汇含义。这两种认知和信息加工模式在口译工作过程中是相辅相成、缺一不可的。一个成功的译员能够灵活交替地运用这两种信息加工模式。

上述关于口译认知模式的解释表明，对于基础相对薄弱的译员和学生来说，口译工作中运用"脱壳模式"非常重要。"脱壳"是指译员摆脱源语字词的外壳，用自然且不受源语干扰的方式以目标语表达译文。根据 Gile 的认知负荷模型，译员的口译质量会受到非语言能力因素的影响，这类干扰因素包括源语的生僻用字、语速、复杂句子结构、地方口音等。这些不可控因素会给口译译员带来认知和信息加工的额外压力，进而影响翻译的准确性。在复杂的口译现场，译员很难做到全文折射输入语。而在口译实战中，译员必须调动默会知识，将输入和储备的背景知识结合起来，转换为显性输出，这种依赖于源语但又不拘泥于源语的脱壳翻译方式，是成功口译必不可少的手段。脱壳式口译方法一方面是由于输入语的压力造成的，另一方面也是为了符合听众的母语表达或者认知习惯。根据释意派口译理论，由于源语和目标语间的文化差异，直译会导致听众的不理解。为了达到更好的沟通效果，译员也要在理解消化输入语后，按照输出语的文化思维和表达习惯进行加工，反射给听众。综上所述，为了减少译员压力和提高沟通效果，译员在翻译过程中必须经历自反式知识生成过程，使用脱壳手段来进行口译。脱壳模式是口译过程的必选模式。

二、商务英语口译脱壳模式的作用

刘和平在《翻译能力发展的阶段性及其教学法研究》一文中提到，应用型人才的培养关键是"实践"，实践的途径之一是"实战"。教师在实战中教，学生在实战中学。对于商务口译教学来说，实战型授课方式的关键在于精选、组织课堂实战内容，使培训的素材和模式符合职业口译人员的实际工作需求，并使课堂内容充分体现实战特点。在培养应用型人才的背景下，商务英语口译人才培养的一个重要任务是让学生能够胜任商务谈判、商务国际会议等口译岗位：学生既要有过硬的英语基本功，又要具备一定的商务背景知识，掌握商务口译的一般规律和特征，在基本功的辅助下，应对常规场景下的商务英语口译挑战。

相比于专业口译译员，商务英语专业的学生完全折射输入源语的能力更加薄弱，学生在学习和工作过程中遇到的障碍体现在以下方面：口译基础知识及基本技能不过关所导致的口译任务中断或沟通失败；缺乏语块分割技能，语流预测能力弱，句群之间逻辑架构把握能力弱，导致脱壳能力薄弱，从而无法真实地反映源语内容；缺乏商务英语中常见的背景知识和专业词汇。这些问题决定了如果在教学中不能更多地运用脱壳模式，那么学生在进入实践岗位的时候往往就无法胜任口译工作。

商务英语口译的精力匹配模式更为复杂，学生在学习过程中要将有限的认知资源进行合理匹配，才能降低漏译和错译的概率。如果能在培养学生的过程中，在加强学生基本功训练的前提下，突出背景知识训练和常见商务场景训练，强化语块分割技能，根据语流、逻辑框架特点进行教学，将有助于学生更多地把精力分配到听译上，降低加工背景知识所需的精力损耗；在此基础上，平时训练的背景知识和翻译场景将会通过自反式知识生成过程，提高学生信息加工速度和理解的正确性，从而大大提高口译质量。

三、商务英语口译脱壳建模的内容

商务英语口译课的脱壳翻译模式是在商务口译环境下，建立起来的稳定的口译翻译理论系统和具体结构框架，并根据这些系统和框架来安排口译课的授课内容和活动。从宏观来看，这些理论系统和框架能够为具体的课堂口译活动提供纲要，为学生提供认知策略和调控策略的保障；从微观来看，授课内容应该涵盖商务口译的绝大部分场景，从应对策略到常见句式，都应该在课堂教学中体现出来。这些宏观和微观教学模式的建立，是在完成口译基本技能授课（笔记、数字、听译、视译、直译、意译、增减、重复等内容）的基础上，摆脱源语句式束缚，实现句群之间次要信息的省略以及句群之间的整合，从而保证脱壳以及转码的准确性。该模式要求在授课过程中辅以必要的商务领域背景知识和专业词汇，通过掌握商务英语口译中常见的固定语义场意义，来完成"商务英语口译脱壳模式"教学。这种口译教学和实践方法，有别于传统的"意译"，因为"意译"是通过对源语高度概括等方法形成非等值输出语，源语与目标语之间等值性较差，不能满足商务英语口译准确性高的要求。本研究之目的是通过本科口译课程的脱壳教学模式来训练学生的目标语语言表达习惯，降低其认知负荷，从而在牢固口译基础知识的前提下提高商务英语口译准确性，为进一步的口译学习打好基础，进而使学生在实践中灵活应对口译的挑战。本研究认为，要做好商务英语口译教学的脱壳建模，需完成以下三方面的任务。

口译基本技能训练。口译能力归根到底还是依赖于扎实的语言基本功，离开了基本功谈背景训练、语块训练和技巧性的脱壳训练只能是空中楼阁。口译的基本功包括听力、口语、词汇量、阅读量、记忆力培训、笔记能力、数字能力等。从形式上看，这些基本功体现在听译、视译等过程中；从口译类型上看，这些基本功体现在陪同翻译、联络翻译、咬耳传译、交替传译和同声传译的过程中。口译课的根本任务是巩固和提高学生的英语基本功和口译基本技能。如果在英语本科学习的基础阶段（大一、大二期间）不能在词汇、阅读、听力和口语等方面形成牢固的基础知识，单纯靠在高年级的口译课上获取的技巧性训练和商务背景知识储备，学生是根本无法应对真正的口译场景的。对于立志在口译方面有所建树的学生来说，从进入大学进行英语专业学习时起，就需全面打牢英语基础。基础知识是形成正确语言符号转换的关键。大量的教学经验表明，学生的语言储备量不能仅依靠课堂教学来完成，课后大量的自主学习是打牢英语基本功的必要条件。教师课堂工作的任务，不仅要进行基本功要素培养，更重要的是要引导学生形成自我学习的能力。

口译授课中的商务背景知识训练。商务英语专业的学生在口译训练的过程中必须融入适量的商务背景知识，这种学习有助于学生自主搭建语言与背景知识之间的相关性桥梁。大量研究表明，特定专业领域的口译工作中，背景知识和笔记、数字等技能一样，"是一种基于源语逻辑关系的创新性编码工具。每一次利用这种工具的过程，都是编码—解码—再造的过程，是译者面对新矛盾寻找化解思路的语言资源管理过程"。这种认知特点表明，解码过程中的认知干扰越少，已知信息越多，译员对新信息的专注度就越高，进而可以提高口译输出的准确性。在口译过程中，学生会不自觉地调动背景知识、背景词汇，避免与背景知识相关的语篇组织和理解的认知再加工过程，降低输入的认知负荷，并提高口译输出的得体性和流利度，同时也能最大限度地避免母语负迁移的影响。研究表明，商务口译的大部分语篇的构成基础是商务背景知识、商务常用词汇以及常用句型。在口译训练中掌握并储备这些背景知识和高频词汇及其表达，无疑会帮助理解源语，并减少输出压力。

对于学生来说，如果缺乏与商务活动相关的专业背景知识，对商务活动、金融活动领域的重要概念缺乏了解，在口译过程中就会望文生义，忽略特定场景下的特殊意义。该领域的口译失误往往源于以下原因：第一，有些词汇既是商务经济领域的专门术语，也是普通词汇，译员把日常含义作为理解的方向；第二，世界经济发展日新月异，商务新环境不断涌现，新生词汇和事件频发，旧的知识和词汇是无法应对新现象和新词汇的；第三，由于对商务特有或者常见的句式和语言表达习惯不熟悉，在翻译过程中要经历更长的反射和加工时间。以上分析表明，在以脱壳模式为依托的商务英语口译教学中，在商务背景方面，教师要做好商务词汇、常见商务场景归类，以及常见商务场景中的商务知识与常见句式、商务信函、商务政策、商务相关法律词汇与基本知识等方面的语料库储备。教师的语料库要形成良好的难度阶梯，帮助学生由易到难、循序渐进地学习与复习巩固。

脱壳教学模式的灵活运用。在前两个环节的基础上，学生还应该进行"源语驱动"和"脱壳"两种模式并行的训练来培养口译过程中的认知和信息加工习惯，逐步适应无背景知识辅助条件下的口译，形成独立的口译能力。"源语驱动"是建立在译员完全听懂输入语的前提下的，但是对于学生来说，仍存在大量的词汇、听力和专业背景知识的缺陷，无法实现真正的源语驱动。能自如运用源语驱动模式的口译人员，一般都是具有多年英语学习经历、语言能力突出、受过严格的口译训练并在实践中不断成熟的译员。由于受词汇、听力和专业背景知识缺陷等限制，完全运用脱壳模式来进行口译工作，对于本科学生来说是不科学、不现实的，除了极个别优秀的学生外，该模式是无法得到完全应用的。

Altenberg(1998)的研究发现,英语自然话语的80%由各类语块结构组成,大部分话语是通过语块来实现的,语块是英语的基本语言单位。它们普遍存在于人脑的记忆中,而且随着我们对记忆材料的熟悉度的增强,其数量也在增加,从而使我们的大脑可以存储和回忆起更多的信息。这个研究表明,如果学生能够在平时的学习中多存储这些语块信息,就能将源语输入信息与自身储备的认知结构及知识相比较,进而将未能全部理解的源语信息,通过储存的信息变为明示信息。这就是脱壳教学模式的核心之所在。口译脱壳模式的建立依赖于以下两个模块的交互作用:良好的听力基础,能听懂大部分输入语;在已有词汇量的基础上输入词汇的临时含义,可以通过已有词汇量的认知提示得到该语境下的领域背景知识。

在译者进行源语认知加工之前,背景知识是一个重要的认知准备条件,与词汇和听解具有同样重要作用,帮助理解听解内容,从而辅助口译过程。建立脱壳模式的重要意义在于通过调动隐性知识,跨越听解过程中的障碍,使输入内容与译员的储备知识相结合;通过调动在长期口译过程中形成的逻辑建构,译员就能形成语流输出。在本科生的商务英语口译练习中,学生如果能多储备相关语块知识与背景知识,就会缩短实战中自我加工和信息整理的过程,使得输入负担减少;同时,在大量练习的基础上,学生也能迅速模仿现成语块的表达方式,在减少输出负担的同时提高表达的正确性和地道性。

四、商务英语口译脱壳模式的方法和训练要求

脱壳模式建立的重点和难点包括两方面的内容。

第一方面是数据库的建立,即授课教师能否有充足的数据库来涵盖常见商务场景的语篇、句式、词汇、背景、预制语块、固定习语和搭配、逻辑衔接等内容,特别是在句式和逻辑衔接的内容上,授课教师要有多样性的语料库。每种建模都有大量的针对性练习,使得学生通过反复和大量的练习来熟练掌握该建模下的一般性翻译规律。教学的思路为:模块模式介绍→巩固练习→熟练应用→推广到类似情况。比如商务会谈场景的语篇开头,演讲嘉宾首先要做欢迎致辞,那么学生在接受这种场景的口译训练的时候,教师授课和训练的内容应该涵盖开幕式、闭幕式的常见词汇与句式,使得学生在听到一半句子的时候,就能有效地预测下半句的内容;或者在没有听到上半句的情况下,仍然能根据后来听懂的句子,在有效预测的基础上,对上半句的内容进行有效的翻译。再以逻辑训练为例,学生如果接受了充分的逻辑衔接训练,就会调动逻辑模块的信息加工方式来填补空白。例如译员由于演讲者的口音严重而无法听懂全文,但是听懂了后半句由

"however"引导的句子，其平日的训练就能使其准确地判断出上半句是与下半句相反的意思。教师的语料库材料必须以真实场景为依据，训练内容具有科学性、实用性和囊括性，能够帮助学生理解一般性商务口译工作中的真实状况。通过大量的教学和课后练习，学生的口译可以实现从动作的机械性衔接到能力的自动化发挥的跨越。在这种训练过程中，要避免学生走入依赖脱壳的误区，要在足够模仿和熟悉句式词汇的情况下，形成自觉认知加工而非机械应对或者套用的习惯。

第二方面是有效的课堂训练与课后巩固。这个过程的核心在于训练学生将积累的内在知识与输入语结合，完成显性语言输出。脱壳模式归根到底是建立在大量的实践练习基础上的一种口译思维模式，学生需要不断调整认知加工模式，形成解决问题的思路和方法。在大量练习和改变原有逻辑加工模式的基础上，学生能够感知和理解口译认知加工过程，在输入→调节→自我评价与纠正→重新输入→重新认知调整加工→再评价这样的循环往复基础上，实现输出语表达的正确性、流畅性和完整性，完成螺旋式能力提升。课堂训练与课后巩固的最终目的是形成学生的自反式输出能力。

脱壳式口译教学是一种有意义的口译教学方式探索，符合实践中商务英语口译工作对人才的真实需求。但是，如何形成合理、全面、符合真实商务场景的整套教学语料库并据此进行有效的课堂训练，实现学生的能力螺旋式发展提升，则是一个需要长期建设、不断完善的过程。

第八节　大数据背景下"商务英语翻译"翻转课堂教学模式

随着互联网技术的高速发展，物联网、云计算、移动互联网、智能手机等已经逐渐融入人们生活和工作的各个方面，这充分说明了大数据时代的到来。随着电子书包、电子教材、IPAD等不断推出的新技术应用，人们逐渐意识到不断发展的科学技术和翻转课堂之间存在着内在联系：先进的技术应用为翻转课堂提供了发展的平台，翻转课堂为新技术应用的发展提供了内在的动力。

一、翻转课堂教学模式的内涵

学生学习的过程与知识的内化存在着密切的联系。根据皮亚杰的研究，知识的内划分为同化和顺应两个过程。同化就是学习者将外界的新知识纳入自身的知识结构；顺应就是学习者改变已有的知识结构以适应新的知识内容。据此，知识的内化就可以分为同化型知识内化和顺应型知识内化。但是，根据美国的 Petitto 和 Dunbar 教授对学生的自由落体概念的研究，知识内化的过程可以进一步分为三个类型：同化型知识内化、顺应型知识内化和渐进型知识内化。渐进型知识内化有两个特点：如果正确的概念在不同的场景反复出现，那么错误概念出现的概率就会变低；知识的内化过程不是一蹴而就的，而是循序渐进，一点点完成。

翻转课堂的教学模式和知识内化理论存在着千丝万缕的联系。翻转课堂来源于美国可汗学院所倡导的"视频课程"，随之引起了全世界广大学者的关注。国际上普遍使用"Flipped Classroom"，其字面意思就是"翻转课堂"，这个译文形象生动，立即为学术界所采纳。翻转课堂是通过"翻转"教师和学生的角色，达到知识内化的目的。传统的教学过程中，教师是课堂的中心，学生在课堂上被动地接受知识，学生课后主要通过完成教师布置的作业完成知识内化的任务。在翻转课堂的教学模式中，学生不再被动地接受知识，而是主动地去寻找知识，通过三种知识内化的途径，完成学习任务。

翻转课堂的教学过程通常分为三个步骤：第一步引导性问题阶段。教师根据学生的知识储备情况，提出与新知识相关的问题，调动学生运用已有知识对新知识内容进行分析和同化。这是教学的"热身"阶段。第二步视频观看的阶段。这一阶段的教学必须建立在第一阶段的基础上，即通过对新知识的内化，让学生清楚地知道自己对于新知识的认知情况，带着问题去观看视频，对新知识进行进一步的内化，提出新的问题。第三步问题解决阶段。在传统的教学过程中，这个阶段是在课后通过家庭作业完成的。但是在翻转课堂的教学模式中，这一阶段被"翻转"到课上，老师不再是课堂教学的中心而变成了课堂讨论的参与者。教师在课堂上收集问题，对相似问题进行归类，然后将问题发还给学生，通过小组讨论等方式，鼓励学生自主地解决学习中遇到的问题。这一阶段虽然是翻转课堂的最后阶段，但却是最重要的一个阶段。

二、"商务英语翻译"课堂采用翻转课堂教学模式的必要性和可行性

商务英语翻译课程是商务英语专业的核心课程，一般分为两个学期，教学内容多为商务文本特点分析、翻译技巧的应用、翻译实践等。基于对教学内容的考虑，教师普遍采用课堂结合翻译实例讲解技巧和特点，课后学生完成相关翻译练习的教学方法。这种传统的教学方法旨在通过教师的课堂讲解，让学生初步掌握翻译技巧和商务文本特点，也就是对知识进行初步的内化；通过完成课后作业，学生将学习过的翻译技巧应用于翻译实践中，学以致用，继而完成知识的二次内化。传统的教学方法在教学实践中起到了

传授翻译技巧的知识作用，但是因为商务英语翻译是以"语言输出"为主的课程，单纯的翻译技巧知识和商务文本知识无法满足学生在翻译实践中的要求，无法充分地帮助学生解决翻译实践中遇到的问题。根据谢建奎所做的调查研究，以教师为主的商务英语翻译课程主要存在着如下问题：学生学习兴趣和积极性不高；翻译技巧和翻译实践"两张皮"即翻译技巧和翻译实践之间没有联系；学习翻译技巧后，学生仍然无法完成翻译实践等。

鉴于以上问题，商务英语翻译课程必须进行改革。大数据时代的到来给商务英语翻译课程的改革提供了可能性，翻转课堂教学模式的发展给课程改革带来了新的思路。首先翻转课堂的中心从教师转到了学生，能够充分调动学习者学习的积极性和主动性；其次，翻转课堂将教学内容的重心从知识的传授转到学生问题的解决，有利于解决学生在翻译实践中遇到的问题，从而帮助学生顺应或者同化翻译技巧的知识；最后，因为学生知识水平和语言程度的差异，对于翻译知识的接受程度也参差不齐。通过视频的观看，学生可以根据自身的理解和接受情况，有选择地观看视频。与传统教学方法相比较，翻转课堂的教学方法能够更加有效地帮助学生接受新知识。

三、"商务英语翻译"课程的翻转课堂教学模式的设计

翻转课堂的教学模式不可简单理解为课下观看视频——课堂解决问题，教学模式的设计必须考虑教学目标、教学过程、学习者知识储备情况等因素，因此教师必须科学地设计教学模式。

视频制作。微视频是适合翻转课堂的视频形式。相比较一堂较正规的课堂录像，微视频的时间要短很多，录制形式也多种多样。但是任课教师仍然要花费大量的时间和精力研究录制微视频的技术，研究视频与教学各环节的配合。因此笔者认为特色示范课堂可以由任课教师本人单独制作，而适合一学期或者一门课程的视频由教学组集体制作，或者由学校集体购置或者采用校际合作的方式。

课堂问题解决。课堂问题解决是检验第一阶段知识内化情况的重要一环，也是进行知识二次内化的阶段。教师首先应在课堂前提纲挈领总结微视频的内容，收集学生的问题，总结并归纳学生的问题，最后将问题发还给学生，通过小组讨论的方式解决问题。

教师和学生可以互换角色。教师做学生，学生做小教师。小教师可以通过给别人讲解知识进一步领悟和巩固观看视频所获得的知识。这种翻转模式的运用较为灵活，可以是小教师讲，学生听，也可以是学生先学习，然后小教师答疑。

课后评价。翻转课堂教学模式的评价体系至今尚未有定论，笔者认为可以采用及时评价策略。这种评价可以在线完成，也可以线下完成；形式也可以多样化，比如提问、

小测验、课后作业甚至是动手操作。及时评价策略可以让老师及时掌握学生学习的进度和程度，做到心中有数，不至于长时间出现"夹生饭"的状况。

教材选择。翻转课堂的教学模式是最近几年才在国内兴起和发展起来的，适应翻转课堂教学方法的配套教材尚未得到充分的发展，无法适应翻转课堂教学的要求。因此，商务英语翻译课程要采用翻转课堂教学模式，任课教师必须根据具体教学情况编写适合教学模式的教材。教材编写必须遵循以下原则：教材内容和微视频的内容相辅相成，互为补充；教材的编写遵循从易到难的学习规律；教材中必须包含与课程内容相关的学生练习。

信息技术的发展势必带来教学方法的变革，从翻转课堂的教学模式似乎可以看到未来教学的模式。但是商务英语翻译课堂如何有效地借力翻转课堂的教学模式？学习者学习的状态是怎么样？如何合理开发适合翻转课堂教学模式的商务英语翻译教材？这可能是未来很长一段时间内需要考虑的问题。在后续研究中，研究者还应着重探讨翻转课堂的教学方法与其他教学模式的异同。

第六章 高校商务英语信息化教学概述

第一节 商务英语信息化教学模式

教育部 2016 年 6 月印发的《教育信息化"十三五"规划》明确指出：要通过深化信息技术与教育教学、教育管理的融合，强化教育信息化对教学改革，尤其是课程改革的服务与支撑，强化将教学改革，尤其是课程改革放在信息时代背景下来设计和推进。到 2020 年，基本建成"人人皆学、处处能学、时时可学"与国家教育现代化发展目标相适应的教育信息化体系；基本实现教育信息化对学生全面发展的促进作用。信息技术在教学、管理中为广大师生、管理者深度应用，信息技术与教育教学融合进一步深入，教师信息化教学能力、学生信息化素养显著提升。

商务英语信息化教学模式环境构建是在此背景下，以课程为基点，以信息技术为支撑，构建商务英语信息化教学模式环境。

一、信息化教学模式

教学理论的具体表现形式之一就是教学模式。教学模式像一座桥梁，将教学理论和教学实践连接起来。也就是说，教学模式是基于一定的教学理论并在实践框架指导下，为取得某种教学目标而构建的教学活动结构和教学方法。信息化教学模式主要是为了改变以教师为中心的传统教学结构，实现以学生为中心的现代教学。

信息化教学模式既有一般教学模式的普遍特征，也有信息化教学的独有特征。传统教学模式与信息化教学模式的区别就是选择适合教育的学生和选择适合学生的教育。信息化教学具有传统教学无法比拟的优势：一是信息源丰富、信息量大，有利于理想的教学环境的创设；二是更易于发挥学生的主动性、积极性；三是更易于实现个性化教学，实施因材施教；四是更易于实现互助互动，实现协作式学习；五是更易于培养学生的信息处理能力、自我导向能力、创新精神。

随着信息技术与教育的结合，不同的信息化教学模式也在构建和实践，如基于资源的主题教学模式、项目驱动教学模式、Web Quest 教学模式、网络协作学习教学模式、案例导向教学模式等。

但是，在信息化教学模式的构建过程中还存在一些主要问题：一是教学模式理解偏简单化，认为信息化教学模式就是将现代信息技术手段和传统教学模式简单结合；二是教学模式选择偏向万能化，认为信息化教学模式能解决一切教学难题，忽略教学是复杂性的工程；三是教学模式应用偏僵化，直接将别人的教学模式生搬硬套于自己的课堂教学中，没有适应性改进。因此，有必要对信息化教学模式进行分析、整合、重构，构建适合特定区域、特定课程的信息化教学模式。

二、商务英语信息化教学模式理论基础

商务英语是一门实践性较强的课程，既涉及英语语言，又涉及众多商务相关领域的理论及业务知识。商务英语信息化教学模式主要有以下三种理论基础：具身认知理论、建构主义理论、多元智能理论。

（一）具身认知理论

具身认知理论（Embodied Cognition）也被称为"涉身认知理论"，是认知科学的进一步发展，产生于 20 世纪 70 年代的心理学领域。具身认知理论的早期研究者是美国语言学家 Lakoff 和哲学家 Johonson，他们的思想观点主要是：心智是具身的，隐喻是思维的核心，认知是无意识的，人类的一切认知活动都是建立在自身的生理结构和感觉运动过程中的，都离不开身体与环境的参与。

澳大利亚学者 Z.Blinda 和 E.Edmonds 认为，在艺术交流的过程中，参与交流者、经验工具、环境，这三者共同构成互相统一的整体。身体在感知、心智、环境交互的过程中起着非常重要的作用，思维必须在身体与外部世界交互的具体情境中才能被理解。

Thomas Fuchs 在《具身认知理论神经科学与精神病治疗》中认为："人的认知根源于人的大脑，而大脑依赖于身体，身体又是嵌入一定的社会环境中，这种关系决定了人的认知是大脑、身体、环境相互作用的结果。"

具身认知理论认为认知与身体、心智、环境是一体的。认知、身体、环境，三者构成动态的统一体，认知在大脑中，大脑在身体中，身体在环境中。它强调身体的感官功能，突出身体与心智和环境的交互作用。学生作为认知的主体，其身体感受能力、反应程度、认知方式、学习方法、思维风格都是不相同的，这都可以影响到学习效果。在信息化教学模式下，学习环境具有高交互性、多维情境性，具身认知理论与教育信息技术的结合是教学信息化的必然趋势。

（二）建构主义理论

建构主义的代表人物皮亚杰（J.Piaget）认为，儿童对外部世界的认知，是在与周围环境相互作用的过程中逐步建构的，在建构过程中，不断发展自身认知结构。维果斯基（Vogotsgy）则认为，个体的学习发生在一定的历史、社会、文化背景下，它们为个体的学习发展起到必要的支持、促进作用。

建构主义理论的核心是：以学生为中心，强调学生对知识的主动探索、主动发现、主动建构。由于学习是学习者在一定的情境（社会文化背景）下，借助其他人（人际间协作活动）而实现的意义建构过程，因此，教学理念、教学设计、教学活动、教学环境等都是为了促进学生的学习。

建构主义认为要体现以学生为中心，可以在三个方面进行创新：一是提供丰富的学习情境，让学生有机会去体验和应用所学的知识；二是在学生学习过程中，充分发挥学生的主动积极性，让学生有机会创造和创新；三是提供及时反馈，让学生根据各方面的反馈信息形成对客观事物的认识，获得解决实际问题的方案。也就是说，从学习知识（内化），到应用知识（外化），到解决实际问题（问题导向、创新意识）都需要以学生为中心。信息化教学模式，从教学理念、教学设计，到教学方法、教学环境，在运用最新信息技术成果的基础上，都能够极大地促使学生内化知识、外化应用、解决实际问题，培养其自我导向能力和创新意识。

（三）多元智能理论

多元智能理论是在1983年由美国哈佛大学心理发展学家霍华德·加德纳（Howard Gardner）提出的。他定义智能是人在特定情景中解决问题并有所创造的能力。他认为，每个人都拥有八种主要智能：语言智能、逻辑-数理智能、空间智能、运动智能、音乐智能、人际交往智能、内省智能、自我观察智能。

根据多元智能理论，每个学生在全面发展智能时，会在某些方面有突出表现。学生的差异性要求教师因材施教，根据学生的具体情况引导学生成才。多元智能理论在教育方面的意义，如关注学生、开发学生潜能等，促进学生全面发展；采用多媒体技术、现代化信息技术，实现多元智能的培养；重视反馈、讨论、反思，培养学生的内省智能等。信息化教学模式能跟踪和记录学生的学习行为，在分析学习行为和主观能动性的基础上，有利于学生观察自我、认识自我、引导自我，实现自适应学习，形成终身学习的意识。

三、商务英语信息化教学模式环境

商务英语信息化教学模式环境，实质是智慧学习环境。什么是智慧学习环境？黄荣怀认为，智慧学习环境是能够感知学习情境、识别学习者特征、提供合适的学习资源与便利的互动工具、自动记录学习过程和评测学习成果，从而促进学习者有效学习的学习场所或活动空间。智慧学习环境要激发和发挥学习者的智慧性，激发学习者强烈的学习欲望和创造力，发挥主观能动性，形成智慧学习。这样的智慧学习环境具有以下四个方面的特征。

第一，技术更智能化。互联网、大数据、云计算、人工智能、虚拟现实、增强现实等技术应用在教育场景，使教学环境智能化特征更突出，能实现感知物理环境、感知学习情境、记录学习过程、识别学习者特征、提供更加真实的体验等。

第二，学习更个性化。识别学习者特征是实现个性化学习服务的前提和保障。学习者特征包括学习者知识水平、学习风格、学习兴趣、认知特点、情感状态等。智慧学习环境在人工智能技术、学习分析技术、交互文本分析技术等的应用下，感知学习者学习特征，自动获取学习过程信息、分析学习行为、提供及时反馈、推送合适的学习资源，真正激发学习者的积极性和主动性，促进学习者的个性化学习。

第三，交互更开放化。虚拟现实、增强现实技术能提供立体的人机交互，呈现丰富、逼真的学习场景，实现真实空间、虚拟空间、投影空间的转换。人机交互技术能够超越传统二维平面上的人机交互，实现三维空间人机交互，识别语音、手势、人体动作等，大大提高学习者在现实场景中与虚拟对象交互的准确度。

第四，功能更集成化。智慧学习环境集智慧学习系统、智慧教学系统、智慧评价系统、智慧管理系统、智慧环境保障等功能系统于一体，为学习者提供更加一流的学习服务和更加舒适的学习环境，是信息化教学模式进一步发展的产物。

商务英语信息化教学模式依存的环境是一体化的智慧学习环境，主要由三个方面构成：物理环境、虚拟环境、教学共同体。

（一）物理环境

物理环境是智慧学习环境的基础环境，处于第一层，它主要包括物联网设备、教室基础设备、多媒体教学设备。一是物联网设备，包括传感器和4G网络设备。传感器包括温度传感器、湿度传感器、光照传感器、色彩传感器等，主要作用是为学习者提供最舒适的学习环境，并根据学习情境自动调整和匹配，让学习者在适合的学习环境下身临其境，具有更真实的学习体验。4G网络设备主要是提供高速网络，保障顺畅和高清的实时监控、录播、远程教学等。二是教室基础设备，包括动态桌椅、PC终端、主控终端、服务器、无线路由器、移动充电器等。这些设备有利于学习者组合学习小组，进行话题讨论，开展沙龙活动等，为学生的主动性和创意提供基本的空间布局环境。三是多媒体教学设备，包括音响、无线投影、移动终端、交互展示屏、LED 显示屏、WIFI 摄像头、高清摄像机等。这些设备主要用于课堂教学，有利于实现互动教学、对教师和学生实行监控、实时录制课堂学习情境、形成生成性学习资源等。

（二）虚拟环境

虚拟环境是智慧学习环境的服务环境，处于第二层，它主要包括情境、资源、工具、虚拟共同体四个方面。一是情境主要由物联感知系统和情境管理系统构成。物联感知系统通过对温度、湿度、亮度、色彩等的感知，调整外在学习环境来匹配学习情境，让学习者沉浸在具体的学习体验中。情境管理系统能够针对学习者所需而进行情境识别、情境分析、情境创设。二是资源主要包括资源库、资源平台、资源管理系统。资源库用来存储教学产生的教学数据、学习数据等。资源平台主要有 MOOC 学习平台、精品在线开放课程平台、校级学习平台、移动端学习平台以及其他各类学习网站等。资源管理系统包括资源调用系统、资源入库系统、资源排序系统、资源评价系统、资源汇聚系统、资源订阅系统、资源推送系统等。三是工具包括智能控制终端、教学系统、管理系统三个板块。智能控制终端包括中控系统、传感网系统、无线网络系统等，是智慧学习环境的基础保障。教学系统包括教师自助跟踪系统、学生自助跟踪系统、云平台管理系统、信息发布系统、即时反馈系统、远程互助系统、数据存储系统、教学辅助软件、同步录制系统、智能导播系统、视频监控系统、教学评价系统等，是教学环节从始至终的流程控制，是信息化教学开展的主要保障。管理系统包括智能门禁系统、人员考勤系统、资产管理系统等。四是虚拟学习共同体，包括远程教学专家、教师、学习者、智能助手等，是学习者主动学习、分享交流的重要对象和伙伴。

（三）教学共同体

教学共同体包括实施教学的教师（组织者、指导者）和学生（学习的主体、教育教学服务的主体），处于第三层。通常情况下，一个班级的商务英语教学组织和指导由一个教师完成，这个教师的教学理念、教学态度、教学方式、教学能力、知识储备、管理能力、信息素养等，对学生的学习效果有直接和间接的影响。对某个学生来说，班级里的其他同学就是学习共同体的成员，彼此之间的智力因素相差不大，但是非智力因素对学习效果的影响比较大，且学习共同体成员之间差异较大。非智力因素主要包括学习动机、学习需求、学习态度、学习方法、意志力、竞争意识、情绪情感等。教师和学生处于教学共同体中，互相影响、互相促进。通过对教学共同体中的教师和学生的行为和状态进行跟踪、记录、反馈等，既能实现信息化教学模式的智能智慧，又能使教学者和学习者得到提升，教学相长在这样的环境下更容易实现。

四、商务英语信息化教学模式环境构建关注焦点

（一）关注信息技术在教育领域应用和发展

信息技术在中国高等教育中已经得到较大应用和发展，如翻转课堂、创客空间、移动端学习、大规模在线开放课程（慕课）等。在接下来的几年内，教育技术还会得到更进一步的发展，如学习分析及适应性学习、增强现实及虚拟现实、量化自我、情感计算、立体显示和全息显示、机器人技术等。未来一至两年，推动中国高等教育技术应用的关键趋势是：应用混合式学习设计和教学的普遍应用、开放教育资源的快速增加、STEAM学习的兴起。而未来三至五年推动中国高等教育技术应用的关键趋势则是：重设学习空间、跨机构协同日益增加、反思高校运转模式。在关注教育信息技术发展的同时，可以应对的方面包括将技术融入师资培训、混合采用正式与非正式学习、提升数字素养。当然，也会面临技术应用的重大挑战如个性化学习、教育大数据的管理问题、推广教学创新、培养复合思维能力、重塑教师角色等。

（二）关注教学中的核心要素——教师

教师是实施教学的主体，其作用不仅体现在课堂教学过程中，还体现在教师对学生人生观、价值观的无形影响。一直以来的观念认为，教师是人类灵魂的工程师。只有先改变教师，才能改变学生。信息化社会不断发展，教育信息技术日新月异，没有教师的与时俱进、积极参与信息化教学改革，信息化教学模式无法实现，培养学生的信息化素养更无从谈起。

教师在课堂教学中运用信息技术一般会经历五个阶段：初始、采纳、适应、领会、创新。在运用信息技术的发展过程中，阶段之间有一定的循序渐进性，但它们的达成和发展需要教师在运用信息技术的过程中，不断学习、探索、反思。教学过程中需要运用什么样的教育信息技术，其效能怎么样，都需要教师的精心设计和思考，并在教学实践中不断总结和提高。

现代信息技术的不断发展，必然在教育领域产生重要而深刻的影响。现代信息技术与高等教育教学不断深入融合，必然将高等教育推向现代化高等教育。信息化教学模式的发展，会将学习推向智慧型学习，培养和发展学生的智慧性。

第二节　信息化商务英语实践教学平台

中国科教评价网《2017—2018年中国大学商务英语专业竞争力排行榜》统计数据显示，截至2017年9月全国共有235所普通高等学校开设商务英语专业。商务英语专业将"培养能够适应社会主义市场经济的高级应用型、技能型、复合型人才"作为专业培养目标，培养过程中的实践教学是重要环节。但多种原因造成了众多本科院校普遍存在商务英语专业实践教学难以开展的情况，实践教学方面普遍存在着以下几个问题：首先，在实践客观条件方面，缺少专业商务英语实验室，相关课程只能开设于普通实验室，受限于场地及设备条件，实践训练效果与专业水平仍存在较大差距。其次，在师资方面，缺少兼具理论基础与实践经验的技能型实践教学教师队伍，具有企业工作经验的双师型教师缺乏，实践教学指导基础薄弱，理论教学与实践指导脱节问题时有出现。最后，在实践机会方面，受限于企业"客户及业内信息保密性"等因素，学生普遍难以获得企业一线实践学习机会。同时具有较高技术性的商务英语相关工作岗位本身所能容纳人员有限，即使学校与企业签订实训基地协议，企业也无法同时解决大批商务英语专业学生的实践需求。综上所述，高校商务英语专业教学中实践训练缺失问题明显，"学以致用"成为空谈。

近年来，众多高校在商务英语专业课程中引入新型教学方法及信息化教学手段，引入各类型教学平台、教学软件等，通过平台和软件为学生提供了丰富的学习辅助资源及配套练习，对商务英语教学及学生语言应用能力提升起到一定的积极作用。但与此同时，此类软件普遍存在"以教师为主导，缺少学生实践训练"等共性问题，尚无法融入商务英语专业实践教学课程体系。如何在有限的教学时间内提高学生实践水平、如何促进学生专业知识运用能力、如何缩短学生融入职业角色的时间，培养与企业需求相符的商务人才，是目前高校商务英语专业亟待解决的重要问题。

一、商务英语实践平台拟解决的相关问题

本节探讨通过信息化技术构建商务英语实践教学平台来解决实践教学中存在的实践机会匮乏、教学辅助软件功能不足等问题。平台的构建将为解决该专业学生实践训练机会不足的现状提供思路，为应用型人才培养目标的达成提供解决方法。

第一，弥补现有软件平台以教师为主，学生缺少实践训练机会，难以融入实践教学

课程体系的问题。摆脱课堂教学中的虚拟假设场景，打破传统商务英语教学中教与学、指导与实践等在时间及空间上的限制。

第二，增加商务英语专业学生商务实践机会，解决因"专业实验室缺失""双师型教师不足"等原因造成的学生实践机会缺乏、实践教学效果不及预期等问题。全面提升学生商务英语综合应用能力和实践活动能力，激发学生自主开展实践活动积极性；提高学生实践水平，促进学生专业知识运用能力，缩短学生融入职业角色的时间。

第三，平台中企业导师制的引入，确保了实践指导的有效开展，将有效改善商务英语专业双师型教师不足的现状。同时，也可根据企业导师及用人单位的反馈意见，及时调整商务英语专业课程结构及培养路径，提升课程教学效果。

二、商务英语实践教学平台的构建

平台构建目的：让教育者与学习者均能借助现代教育技术、信息资源和教学方法进行双边活动。

平台构建基本原则：以信息技术为支撑，以现代教育教学理论为指导思想，遵循商务英语专业"学用紧密结合、实践运用至上"的基本原则。

平台构建目标：打造一个专业知识丰富、互动交流性强、实践运用面广、资源更新及时的实践教学平台。平台结构包括用户、功能、资源三大模块。

（一）平台用户

平台用户包括教师、企业导师、学生。信息化背景下，教师更偏重于学生学习方法的指导，通过调动学生的学习主动性和积极性，提高他们获取信息的能力，以及充分利用信息资源快速高效解决问题的能力。平台创新之处在于引入企业导师参与，学校可通过客座讲授、外聘教师等形式寻找合适的外资企业从业人员担任平台顾问，并通过各种信息化手段来指导学生开展实践。通过教师、导师的引导，学生将由原来单一、被动、接受式的学习方式改为自主探究、亲身实践、合作学习的方式。

（二）功能模块

1.功能设计

平台主要设计听说训练、人机对话、情景模拟、互动训练、视频教学功能模块，力求紧贴商务英语专业人才培养方案目标，以商务英语专业领域实务工作为主线，结合商务学科知识，采用多媒体表现手法模拟各种商务场景并设计相关实践任务，在考核学生听、说、读、写、译五大基本语言技能的同时，侧重提高商务知识应用能力和商务实践技能。平台拟同时开发PC版和移动版客户端，学生可通过手机、平板电脑、笔记本电脑等终端进行随时随地的实践学习，打破传统商务英语教学中教与学、指导与实践等在时间及空间上的限制，提高学习者学习积极性。一方面，学生可通过平台的使用，对所学知识进行有效实践，即使身在学校依然能够通过平台提早接触专业商务实务案例，增加个人实践机会，在实践中发现不足，弥补缺陷。另一方面，通过平台的搭建，也可实现专业知识资源的合理化配置及共享，在完成高效传递知识的同时实现知识的有效内化。

2. 功能描述

听说训练：听说训练模块包含"听""说"两个环节，提供商务行政、公关、国际贸易、会展会议、国际金融等行业中多个不同岗位、职位的日常商务英语的听说训练，学生可以根据个人需求选择想要练习的场景任务。

人机对话：受技术及开发成本限制，平台开发人机对话功能只局限于相对固定的语言及情景模式设定，例如平台发问，学生给予回答，同时平台会给出图片、文字加以说明，学生也可以根据文字或图片说明提问，平台会给出已设定好的回答。但如果学生对文字及图片有所误解，往往就会出现答非所问的情况，这就要求学生不断进行思考和解读。

模拟情景：模拟各种商务活动场景，学生以"旁观者"的位置参与其中，如秘书、记录员、旁听者等，过程重于体验。

互动训练：实践教学的课内外延伸，模拟"实训"的操作方式。学生通过互动训练开展各种小组合作项目，如开展各类商务活动（商务招聘、远程谈判等），在此过程中学生交替扮演不同角色，交替轮换进行训练，过程重在参与。

视频教学：编写基于用人单位需求的商务英语实践资源以教学视频引入平台，导师可通过视频教学呈现企业真实案例。

（三）平台资源

平台的教学资源主要包括互联网资源、教材教案、企业专业资料及自主开发资源等，此类资源从商务英语专业的人才需求现状出发进行搜集编制，以求通过平台资源的应用提高学生实践技能。此外，在平台的实践教学模块，本项目拟引入企业导师参与其中，学校可通过客座讲授、外聘教师等形式寻找合适的外资企业从业人员担任平台顾问，以此有效地指导学生开展实践。导师制的引入也有利于获取一些不涉及企业机密的日常办公文件、信函、会议录音、录像视频等资源，便于学生提前了解掌握商务办公必要知识，丰富商务实践机会。

三、信息化商务英语实践教学平台的应用

平台为商务英语实践教学提供多维度服务，教师可引导学生开展实践活动，企业导

师可指导学生解决在实践环节中出现的各种问题。借助平台还可以实现学习资源的共享，提供方便、灵活、开放、不受时间和地域限制的实践教学形式，同时，学习者可量身定做，打造符合自身的学习计划和学习进度，实现个性化教育。

（一）听说训练结合人机对话，自我提升实践应用能力

教师授课通常以语言基础、综合应用为培养目标，教学与实际需求方面往往存在一定偏差，同时传统课堂制约了学生用于交流和实践的时间，造成学生语言的实践和交流能力难以满足实际工作要求。此外，学生的个体差异性客观上造成了部分学生跟不上教学进度，对所学知识没完全掌握等问题。平台听说训练与人机对话模块提供了真实的语言应用场景，通过训练减少了学生语言应用的陌生感，发现自身应用不足。

学生可反复听常用的语句、情景对话，了解不同情景概况以及应对语言。根据图片、文字、视频提示进行口语练习，通过麦克风录音，最后对学生的发音进行评分。此环节供学生训练口语发音，有针对性地矫正发音，熟练掌握各种情景场合的应对。

通过听说训练、人机对话进行自主学习，弥补因课堂教学需求偏差及课堂实践时间少等缺憾，有效提升实践应用能力，掌握商务语言基础知识和技能后，学会完成商务沟通任务（如产品推广、内部沟通、商务谈判等）。

（二）模拟情景互动训练，提升实践教学效果

模拟情景、互动训练以平台为载体，营造出各式商务语境、商务活动、并以此开展各类型商务实践教学活动。在教学过程中，教师可以个别辅导和小组协作相结合的方式增强学生对知识点的理解和运用，通过平台进行不同任务的情景模拟教学活动，如在商务谈判环节，指定部分学生参与体验不同角色，另一部分作为旁观者来参与体验，通过角色交替轮换进行情境体验。在此过程中，学生们主动思考，不断融入情景中，积极锻炼自我，实践教学效果大大提升。

在此过程中，可加深熟悉各类公司业务，模拟制作各类招聘广告，发布招聘信息和进行其他各种商务活动，让学生学习到更多文体与商务知识；教师可全程引导与监控，不论在课堂上还是课外，都可查看、参加学生之间的活动，解答学生的问题，促进学生高级思维能力和群体智慧的发展。

（三）导师制视频教学，展现企业真实个案

平台中企业导师制的引入，确保了实践指导的有效开展，将有效改善商务英语专业双师型教师不足的现状，同时，也可根据企业导师及用人单位的反馈意见，及时调整商务英语专业课程结构及培养路径，提升课程教学效果。邀请企业专家指导，走访校企实习基地，深入用人单位实地调查，考察真实商务活动场景和商务从业人员具体工作情况，

编写基于用人单位需求的商务英语实践资源以教学视频引入平台。教学视频包含综合应用语言技能，涉及商务活动或其他场合文体及语言运用场景。导师可通过视频教学呈现企业真实案例，并要求学生分析案例，开展小组语言交流、模拟案例重现情境，以培养学生的思辨能力、语言综合运用能力及实践活动应变能力，丰富商务语境常识和语用知识。

四、平台特色与创新之处

现代信息技术使商务英语实践教学不再受时间和地点的限制，逐渐向自主式学习方向发展，平台在很大程度上改变了单一的传统实践教学方法，更具自主性、开放性和创造性，同时还充分考虑以学生实践为中心，贴近用人单位需求，大大增加了学生商务英语实践机会，平台建设符合商务英语专业人才培养目标要求。

教学资源自主开发也是平台设计的一大特色。通过深入用人单位实地调查，以商务英语专业人才就业岗位为出发点，以必要和够用为原则，开发兼具实用性、职业性和趣味性的实践教学资源，有利于进一步丰富商务英语实践教学内容；通过将典型商务实践活动案例加入平台资源库，录制学生成功的商务活动示范及专家点评，帮助学生更好地理解商务知识应用技巧，以此提升实践教学效果。

企业导师制的引入是平台的另一特色和创新。平台引入企业导师，学校可通过客座讲授、外聘教师等形式寻找合适的外资企业从业人员担任平台顾问，以有效指导学生开展实践。

目前商务英语专业实践教学资料较少，缺少高水平的多媒体课件及实践教案等资源，这对实践平台资源库的建设提出了考验，通过与国内外相关研究机构探讨研发、与兄弟院校合作编写、到外资企业学习、收集日常工作运用到的知识等渠道多方收集与整理，制作成电子文档、音频、视频等材料，能进一步丰富商务英语实践平台资料库。平台的应用，一定程度上提升了商务英语专业学生语言及商务知识的综合运用能力，激发了学生的实践活动参与积极性，客观上可促进学生实践能力的提升，有效解决文中提到的商务英语实践教学方面存在的问题。

第三节 "互联网+"商务英语信息化教学

随着社会的发展，信息技术的发展也非常迅速，信息技术则被广泛应用于商务英语教学。商务英语教学中多媒体网络环境，跨平台共享，远程学习等应用，有利于形成商务英语教学信息化思维，扩大商务英语教学模式改革思路。基于"互联网+"的背景，迫切需要开展商务英语教学信息化教育改革，促进学生的实践能力的提高，从而为社会培育高品质的商务英语复合型人才。

一、商务英语和信息化教学含义

商务英语最早出现在15世纪，这主要是国家之间贸易语言的应用。当时相关的书籍也是英语和其他语言的参考对照手册。例如，卡克斯顿手册，其主要目的是消除其他欧洲国家和英国之间的贸易语言障碍。商务英语是专为满足职场生活的语言要求产生的一门学科，它涵盖商务活动的各个方面。商务英语课程的设置不仅提高了学生的英语水平和能力，更多的是向学生灌输一个西方的企业管理理念，教导学生如何与外国人打交道，进行商务合作，其中包括工作方式以及他们的生活习惯，在一定意义上也包含文化概念。

信息化教学是运用了现代教育的理念，加以信息技术的支持，并应用于现代化教学中的教学模式。在信息化教学中，有很多影响因素，这就要求对观念、组织、内容、模式、技术评估和环境都进行信息化。同时强调语言环境在信息化教学中的重要作用，重视协作学习和学习环境设计的关键作用，充分利用各种信息资源来支持学习。只有当教师能够充分地认识到信息化教学模式的特点，才能更好地掌握运用信息化教学模式，进而出色地完成信息化教学。

二、商务英语进行信息化教学的优势

目前，信息技术已成功地应用于商务英语教学中，其大致上可以分为两类：在线课程和教学辅助。信息网络教育课程，具有一个综合的优势，比如结构虚拟化，强大的内存，没有门槛的教育，通过这些优势，有效地改善教学中的人数和上课时间的限制。同一时间，在移动中可以随时随地开启信息化教育模式，能够收集一些零散的信息，学生对于用碎片化的信息接收方式来接受教育比习惯传统的教学方式更合适。教学辅助是仅限于在课堂上使用，也有教师可以自主发挥进行编辑，或是直接从在线教育模块中下载，体现出其方便快捷的直接优势。商务英语的就业方向是直接面向相应的交流沟通和高强度的英语翻译。因此，无论是基本理论，基本的英语能力在教学过程中的培养，还是商务英语培训，教师都需要在有限的教学环境中，高效率地完成教学目标。信息化的教学方法应用于商务英语教学，教师可以利用网络信息技术进行辅助，以及使用视频和图形来完成预览会话的辅助教材，这些可以突破传统教学方式的限制，提升商务英语教学水平。

三、"互联网+"背景下商务英语信息化教学现状

（一）"互联网+"背景下教师教学能力有待提高

在"互联网+"的背景下，教学信息化是如今高等教育的核心内容和中心工作。商务英语信息化教学建设，需要在教育过程中使用现代科学技术的方法和教育设备。以网络平台传播为基础的信息，教师计算机的教育内容，教育过程，多介质，并设计了更现代化的教学设备，如网络通信。在这个阶段的高等教育，有必要提高基于教师的信息教育的能力。教育信息化建设是商务英语教育的有效手段。虽然有各种各样的教育信息化的教育模式，但是保证教育效果是非常重要的，部分教师对于商务英语教育活动缺乏灵活性，教师教学能力待有提高。教师在进行商务英语教育活动时，信息化技术以及现代化设备的应用层次较浅。想要转变教师的教学方式，就有必要提高教师教育能力的信息化基础。

（二）商务英语的教学体系不够完善

商务英语在交际能力，专业性和教学目标区别于普通英语教学的一种教学方法，它强调其专业性和交流沟通的口语化。但是，仍然有许多学校商务英语教学缺乏完善的教学体系，并且与普通英语教学没有显著差异；教学体系中教学模式、教学内容、课程设置和教学设施没有展现其商务英语教学的特点；一些院校的商务英语教学方法仍然是以教师为主的教学方法，没有创建进行商务交流的语言环境，学生的商务知识缺乏实际运用，不利于交际能力的培养。同时，英语教材不能及时更新，一些教师对于信息化教学认识不足也导致不能获取良好的教学效果。

（三）商务英语学习环境比较差

学习语言的目的是沟通。因此，如果想学好商务英语，你必须有一个良好的英语沟通环境。当进行日常商务活动时，商务英语就是一种非常重要的语言，所以具有较高的环境要求。只有在进行商务活动时，学生才可以熟悉各种商务的语言环境，使用商务英语进行良好的交流。过去，商务英语教学本身相对比较单调，部分教师没能创造出良好的商务交流环境，学生不仅不能熟悉商务英语环境，同时也不能掌握更多的知识，这就很难激发学生的学习兴趣。

四、"互联网+"背景下商务英语信息化教学途径

（一）构建完善的商务英语网络教学体系

"互联网+"背景下，商务英语教学信息化强调的是运用语言作为载体。利用互联网的开放性和网络信息终端的普及，引进真实的商业活动纳入课堂教学，实现学生的体验，模拟和仿真对话等参与目的。与此同时，具有便利性的移动信息终端可以用于实现资源共享，提高教学和学习的效率；另外，商务英语课程的学习可以完全突破空间和时间的限制，实现学生的自主接入式学习。网络信息化的融合将直观地显示出商务活动的各个方面，对声像图文进行有效结合，将让学生对语言教学和实际使用的商务语言有了更清晰的认识，这也激发了学生的学习兴趣，以达到更好的师生之间互动的教学效果。在这个改革过程中，关键的问题是需要解决网络教学，自主学习平台和微信教学平台的建设。这就需要建立一个科学、完整，以实用为基础的信息网络商务英语教学平台，实现信息化教育改革的首要目标。

（二）提高教师信息化教学能力

学校商务英语专业的教师要重视信息化教学的重要性，通过自我学习和自我提高信息化教学能力。这是提高教师信息化教学的前提。信息化环境下的商务英语教学系统的建设是一个必然的发展趋势，它的制定和实施有利于培养对社会有益的综合性商务英语人才。由于商务英语教师信息化教学有一定的差异，还不能满足信息化教学的需要，其教学能力还有待提高。基于教师信息化教学能力与商务英语之间的差异性，为提高教师信息化教学能力，就需要建立教师信息化教学培训制度和完善培训教学体系，而且教师也要重视自身的发展，重视建设与设计信息化教学能力。同时在教师教学准备阶段，教师应发挥出团队的协同作用，提高备课内容的智能性和有效性。商务英语教学团队存在差异性，这也不利于提高教学质量。因此在学习和交流中，应用现代化的教学设备和信息技术，通过信息化教学模式提高商务英语的教学质量和教学水平。

（三）对商务英语信息化教学外部环境进行优化

商务英语的信息化教学活动需要完善相应的基础设施和外部环境，包括政策依据、资源基础和激励制度等。一是在商务英语信息化教学活动的发展需要教育信息化大环境的支持。因此，高等教育机构和相关教育部门的管理者要对信息化教育教学的政策体系进行完善，保证商务英语信息化教学的有效性。二是完善相应的基础设施，基本条件是提高硬件装备和软件设备，以避免纸上谈兵的问题出现在英语教学活动。这包括教师教

学的移动终端，学生的学习终端和校园网络平台的建设。三是在大学英语教师在现阶段的调查中，可以了解到，在这个阶段教师工资和职称评定都会影响有效实施信息化教学。因此，学校应完善相应的考核和激励机制，提升教师待遇。

（四）合理安排教学内容，重视学生反馈

教师，学生和计算机网络之间的交互模式形成，允许教师使用交互式界面来向学生提问，学生分成不同的学习小组，每个小组之间的问题可以相同或不同，此时教师要重视学生对问题的反馈。同时教师还可以跟着自身教学以及学生需要增加网络教学内容，可以激励学生在网络中的学习欲望和学习积极性。对教学内容合理安排，增加教师与学生之间的互动，可以让教师和学生更好地沟通，发表自己的意见，并进行信息传递，解答疑惑，和情感交流。"互联网+"背景下，信息化教学也有很多渠道，可以很好地整合不同的学习模式，提高学生的商务英语学习能力，更好地促进学生思维的进步和发展。

商务英语信息化教学不仅给学生学习提供了更为广阔的空间，也可以让学生的学习更加具有灵活性和创造性。它促进教学方式的转变，教学内容的更新，切实提高了教学质量。因此在进行商务英语信息化教学过程中，就需要通过构建完善的商务英语教学体系、提高教师信息化教学能力、对商务英语信息化教学外部环境进行优化、合理安排教学内容，重视学生反馈等途径提高商务英语教学质量，培养更多的高品质的商务英语人才。

第四节 信息化对商务英语教学的影响

随着社会的进步，信息技术也得到了迅速的发展，在商务英语教学时多媒体技术已经运用得比较广泛，多媒体网络背景下的商务英语教学具有多媒体基层、跨平台共享、远程教学以及个别化学习等优势，给商务英语教学带来了新的思维，拓宽了商务英语教学模式变革的思路。和传统教学手段相比，信息化教学的优势是不可替代的，其能够和传统教学手段结合在一起，互为补充，实现二者之间的平衡，从而提高我国商务英语教学的水平和质量。

一、我国商务英语教学现状分析

我国商务英语教学中存在的问题还比较多，比如更新教材不够及时，学习环境比较差等。这些因素的存在也给商务英语教学更好地进行造成了较大影响。

（一）没有及时更新教材

商务英语教学的目的是培养出更多的国际商业以及国际贸易中需要的人才，其需要和商贸活动结合在一起，这种性质的存在也要求商务英语教学内容及时更新。特别是进入21世纪以来，全球化经济的发展也给商务英语教学添加了很多新的内容，但是若是不能及时更新教材，商务英语使用的教材比较陈旧便很难跟上社会时代的发展，培养出的人才也无法满足实际的需要。

（二）学习环境比较差

学习语言的目的便是交流。所以，想要学好英语便必须具备一个比较好的交际情境。在日常商务活动开展的时候，商务英语是一门非常重要的语言，对环境的要求也比较高，只有具备商务交际情境，学生才能够很好地熟悉各种商务环境，从而在商务环境下更好地运用商务英语来进行沟通和交流。以往的商务英语教学本身便比较单调，甚至有些教师还是照本宣科地进行教学，没有营造商务交流环境，不但无法帮助学生更好地熟悉商务交流环境，掌握更多的知识，还会给学生学习积极性造成很大影响。

二、信息化背景下商务英语教学策略

随着社会和科技的进步，在商务英语教学中运用以多媒体技术为代表的现代信息技术是非常重要的，其能够切实提高商务英语教学的水平。笔者在研究问题的基础上分析了多媒体技术在英语教学中的应用和多媒体环境中做好商务英语教学的策略，希望提高我国商务英语教学水平。

（一）商务英语教学中多媒体技术的应用

多媒体技术的基础是数字技术，并且多媒体技术能够很好地将通信技术、计算机技术以及网络技术结合在一起，综合处理各种信息，能够和不同媒体进行逻辑连接的建立，从而形成一个交互性比较强的系统。多媒体技术最早应用到英语教学中去，主要是通过计算机来对教学进行辅助。网络主要包含了因特网和局域网，其不但可以进行教学资源的提供，还能够传输和分享信息，从而给英语教学更好地提供一些支撑。网络技术和多媒体技术本身便是相辅相成不可分割的，通过多媒体以及网络技术，教师能够给学生分享大量的信息，学生也能够通过耳机和显示屏来接受信息，多媒体比较的生动和直接，这也让教学手段呈现出多层次和全方位的特点，改变了以往的英语教学模式。

（二）多媒体网络环境中怎样做好商务英语教学

网络环境下，想要做好商务英语教学，需要将网络信息化教学和商务英语教学的特点结合在一起，重视学生创造性和主动性的发挥，将学生对商务英语学习的兴趣真正激发出来。只有这样学生的创新能力、信息处理能力以及交际能力才可能真正提高。

1. 转变教学方式

以往的教学模式中心往往是教师，学生的学习是以教师的教学为基础的，没有教师的教学，学生便很难学习。在新教学模式中，学生才是教学的中心，教师需要扮演好教学引导者和组织者的角色，通过教材和教学方式，学生不但能够将学习的主动性和积极性真正发挥出来，还能够打破以往空间、时间等限制，学生能够自由地安排学习时间，这样也能够将以往将教师放在中心位置的学习模式逐步的转变成为以学生为主体的符合学习模式。教师教学的过程中需要对学生的学习基础、认识能力等因素进行分析，只有这样才能够保证设计出来的情境、选择的学习资源真正符合学生的实际需要。

2. 转变教学模式、组织好教学

多媒体本身的人机交互性便比较强，这对教师教学改革过程中提高学生综合素质，培养学生的技能甚至是创新性思维的培养有着重要作用。这种模式在个别化教学中比较合适，其不但不会给传统集体教学造成影响，还会推动学生个体和集体之间更好地进行互动和交流。学生可以有针对性地提出问题，教师也可以利用网络这个平台来及时回应学生并讲解问题，此外，若是学生学习的时候存在一定的困惑，也可以利用网络来沟通交流，实现资源的共享，在第一时间中便解决相关的问题，这种模式下，无论是教师的教学效率还是学生的学习效率都有较大的提高。师生之间也能够很好地进行互动和交流，学生不但能够及时地得到教师的相关指导，还能够加强教师和学生之间的联系，营造和谐的师生关系，进一步实现思想的共鸣。

3. 选择合适教学内容、重视教学反馈

教师、学生以及计算机之间互动模式的形成，能够让教师利用交互界面向不同的学生或者是不同的学习小组提出问题，问题可以是一样的也可以是不同的，教师还可以根据教师教学以及学生学习的需要在网络中增加更多能够激励学生或者启发学生的内容。并且交互的存在还可以让教师和学生更好地交流，将自己的意见表达出来，在交流的过程中进行信息的传递、疑惑的解答以及情感的沟通。在交互活动开展的过程中，教师是指导者也会一直参与进来。在多媒体环境中，师生之间的交互渠道和方式也比较多，其能够很好地结合不同的学习模式，在提高学生商务英语学习水平的同时更好地推动学生的思维进步和发展。

4. 进行资源整合

在进行商务英语教学的过程中，教学资源不够新也是一个非常重要的问题，通过信息化手段能够更好地整合教育资源。信息化前提下的商务英语教学资源整合应该从下面几点出发。首先，政府应该发挥自身的引导作用，进行统筹和规划。其次，应该鼓励社会各方参与到资源整合中来，加强师资队伍和管理队伍的建设，从而给资源整合更好地进行奠定基础，并且信息化环境下，学生也能够更好地参与到资源整合中来。最后，应该确定标准，不断地完善和健全机制。只有资源有效性得到保证，商务英语教学才能够更好进行。

随着社会经济的发展，信息化水平也在不断地提高，网络作为信息化的主要体现，将其和商务英语结合在一起，是进行商务英语教学创新的必要手段。在商务英语教学的时候，将多媒体网络技术运用进来，进行现代商务英语教学模式的创新，不但能够给学生的学习提供更加广阔的空间，还能够让学生的学习更有弹性和创意，并且还能够推动教学方法的转变、教学内容的更新、教学模式的创新，切实提高教学的质量。在进行商务英语教学的时候，教师必须真正解放自己的思想，掌握更多商务英语的新理论和教学的理念，将学生放在首要的位置，发挥自己的作用，提高商务英语教学的质量和水平，给我国培养出更多高质量的商务英语人才。

第五节 高职商务英语翻译课程信息化教学

《国家中长期教育改革与发展规划纲要（2010—2020年）》明确指出："信息技术对教育发展具有革命性影响，必须予以高度重视。"《教育信息化十年发展规划（2011—2020年）》也指出，要"着重推进信息技术与教育的全面深度融合，变革教育理念、模式与方法，支撑教育创新发展"。信息化教学符合互联网时代的发展要求，教育信息化反映着一个国家和地区教育发展水平，是教育创新发展的重要方面。而作为高职商务英语专业的核心课程，《商务英语翻译》如何将信息化技术与翻译课程全面融合进行信息化教学改革呢？这无疑是一个具有机遇和挑战的课题。

一、高职商务英语翻译教学存在的问题

（一）学生英语基础薄弱

大部分高职商务英语专业学生的英语学习习惯不好，缺乏正确的学习方法，未能掌握良好的学习策略，即使他们对英语保持着一定兴趣，还是会因为薄弱的英语基础而导致他们翻译学习耗时多、收效低、效果差。调查显示，商务英语专业高职学生毕业之后

几乎不大可能从事专职翻译工作，因此职业技能要求定位为能在外贸业务和商务管理中能熟练使用英语，了解东西方文化差异，灵活开展跨文化交际活动，并能进行中等难度的口头和笔头的中英文互译。

（二）教学模式陈旧

目前商务英语翻译教学中使用的信息化教学手段较少，虽然现如今的多媒体电脑投影代替了低效的黑板和粉笔，但课堂教学管理和组织形式仍是较为传统的。在传统的翻译教学模式下，教师主要教授教材内容、辅以课外练习。课堂上首先讲授翻译技巧，然后让学生运用学到的翻译技巧进行实践。教师再使用"标准译文"讲评学生的习题。在这种模式下，学生主动学习的热情未能充分调动，特别是教师主导讲评环节，学生课堂上的参与度不高，未能激起他们对于译文对比的主观能动性，学生难以真正内化翻译技能。

（三）教材内容滞后

从现有的高职翻译教材来看，不可否认，无论是教材案例还是教学内容都有一些新意。比如，以商务文本为主，商务文本从易到难，从名片、产品名称到商务合同、广告翻译，虽然有一定数量的语言训练和商务翻译技巧的介绍，但是整体编排缺乏系统性，不利于学生对翻译技能有一个较为完整而准确的认识。同时，身处信息时代，学生在日常学习和工作中一定会用到网络平台。而现有的高职翻译教材几乎没有提及免费在线翻译平台的使用、语料库的应用和在线资源的搜索等，更不用提如何培养学生的信息甄别能力（"搜商"）了。因此，师生的教与学局限于教材的传统框架，不能对英汉互译有一个宏观的掌握和理解，同时也无法获取今后工作岗位上可能要用到的翻译工具的使用、信息搜索和甄别等技能，进而影响教学的实用性和可持续发展性。

（四）评价方式信息化程度不高

目前商务英语翻译教学中评价方式比较单一，以闭卷笔试成绩考核为主，尽管本课程的考核会采取"形成性评价与终结性评价"相结合的方式，但在考核内容方面，基本上只考核学生的语言水平和翻译技能，尚未考核到学生的在线翻译和信息检索能力，这种评估是相对片面的，因此，允许学生使用在线词典工具，在网络环境下进行翻译考试更能全面测试学生的翻译能力。

二、商务英语翻译课程信息化教学改革的实现途径

（一）突出信息处理能力的教学目标

《商务英语翻译》课程的教学目标之一是通过翻译训练使学生掌握商务语言特点并了解工作中的翻译任务，同时也帮助学生掌握基本的翻译策略和翻译方法。高职商务英语专业毕业后就业岗位主要为外贸业务员，几乎没人担任专职译员，商务英语翻译课程的目标是培养能利用翻译工具完成翻译任务的实用型非职业化翻译，属于"初级工具翻译"，即在提升学生实际语言水平的同时，教会他们一些在网络环境借助翻译工具，如何进行信息处理、词义检索、例句分析等，进而掌握中英文的语言特点和双语互译技能。因此，他们在掌握了初步翻译理论后，能熟练运用常用的在线翻译工具，提高对外贸领域、涉外商务等工作中出现的实用性文体进行语际转换的能力。

（二）明确与翻译相关的信息化教学内容

1. 信息化翻译工具

纸质词典一直被看作是学习翻译的重要工具。但是随着网络的日益发达和完善，译者甚至可以摆脱纸质词典，却越来越离不开网络词典和搜索引擎等。翻译教学不可避免地要使用新工具和新技术。翻译过程中，教师可以引导学生通过网络搜索引擎和百科全书等，了解相关背景知识、理解上下文意思并检验译文地道与否；利用在线词典提高学生查词的能力，增强英汉对比意识，通过多种译法对比，学生切身体会译者的翻译技巧和策略；利用在线翻译平台培养学生的翻译实践能力，甄别网络机器翻译的正误；利用语料库进行对比分析，学生能加深对语言使用的理解，如词汇选择、词汇搭配、语用含义和文化意义等。通过在线工具的使用和信息搜索，学生能接触到第一手的中英文例句，他们学会了在模仿例句的基础上对译文进行修正和校对。学生的英语语言基础得到巩固，语言质量和准确度也进一步提升。事实上，学生今后工作并不是"闭卷考试"，他们大多可以利用翻译工具开展文本翻译，因此，掌握信息化翻译工具在实际学习和工作中是非常必要的。可以说，"搜商"不仅是一种方法，更是一种态度。

2. 商务类平行文本

在全球化不断发展的今天，全世界的商务类文本都大同小异，同时这些资源也可以通过互联网一键网罗。教师可以引导学生利用互联网搜索相关的背景资料，按照名片、商标、公司介绍、产品说明、商务信函、广告、商务合同等类别进行分门别类的整理，并录入语料库。接着，综观语料库中的文本，分析源译语的语言规范差异，对比中英文文本的语言风格和特点，培养学生的翻译思维。同时总结一些常用句型，训练学生的套

译和仿译能力，帮助学生掌握基本的翻译策略和翻译方法。

（三）采用信息化手段的教学方法

商务英语翻译课程难度较大，加之他们较低的语言水平，学生难免产生焦虑甚至厌倦心理。教师在备课时就应该从学生的实际情况出发，想方设法地帮助学生扫除他们心理上的障碍。采用信息化的手段就是一种不错的选择。比如，采用蓝墨云班课等信息化教学平台组织课内外教学，教会学生正确使用有道词典、搜索引擎、语料库等工具。

1. 翻译工作坊

"翻译工作坊"帮助学生营造一个真实的翻译场景，给学生更多的实践机会，有助于发挥学生的积极性和主观能动性。"翻译工作坊"教学大体按以下步骤：教师选择文本—学生阅读文本—借助翻译工具进行初步翻译—小组评价和讨论译文及翻译技巧—教师评价。在高职商务英语翻译教学中，商务文本的选择和利用是关键，学生阅读文本前，教师要对文本类型和相关翻译策略做简要说明，指导学生选择翻译策略和方法。在课堂上，教师引导学生通过自主探究和小组协同合作的方式完成作业，并在云班课平台向全班展示分享翻译心得，教师对译文做出足够而合理的评价。由于云班课平台具有拍照展示、发送语音、即时讨论、头脑风暴、投票点赞等功能，便于全班各组同学进行高效而清晰的展示，避免了传统课堂讨论不充分、不到位、费时费力等弊端。在此过程中，教师采取信息化方式组织课堂，使得课堂活动组织紧凑而热烈，学生更易于理解来自同伴和老师的信息，其对于翻译技巧的认知进一步强化。

2. 情景模拟教学法

情景模拟教学法把真实翻译项目引入课堂，让学生体会真实工作任务中翻译的全过程。教师扮演翻译任务的委托人，提出翻译需求；学生扮演翻译任务的承接人，与委托人沟通并完成翻译任务。特别是一些口译任务，教师完全可以组织学生在情景模拟实训室进行教学，让学生们各自饰演角色，并将任务以视频方式呈现。这种教学法可以激发学生的学习兴趣，调动他们的表现欲望，还能培养学生的敬业精神。教师应在校企合作过程中搜集真实案例，将学生就业岗位中可能遇到的案例在课堂中发布，在翻译过程中涉及各种人际沟通与交往能力，也应该得到应有的重视。因此，除了文本的实用性，其案例中各种因素的综合考虑，也能让学生身临其境地体会到译员的工作任务，提升学生的实际工作能力。

3. 项目教学法

项目教学在高职商务英语翻译教学中具有较强的操作性。依照项目教学原则，可将教学内容按商务文本类型和翻译技巧进行两次分类。笔者在教学中还引入了思维导图，指导学生按照项目来绘制思维导图，每个项目相对独立又相互关联，一个学期下来，学生绘制了多幅思维导图，也能将整个学期所学内容全部串成一幅完整的课程思维导图。项目教学法与翻译工作坊相结合，通过小组讨论、组员单独翻译、互改互评、合作翻译、教师评价、优秀译作分析等环节完成每个技巧的学习。项目教学法有助于梳理各商务文本的特点和基本的翻译技巧，学生自主构建课程思维导图，各文本的语言特点清晰可见，各句式的翻译特点一目了然，在这种"把书读厚再把书读薄"的过程中，学生表示提高了翻译能力，收获感满满。

（四）实现信息化课程评估

借助信息化平台和手段实现课程评估，比如笔者一直采用蓝墨云班课组织教学，平台上记录着教学的全过程，师生能在平台上进行课堂讨论、案例分析、自评互评、单项技巧测试、实训任务和期中期末测验等，并通过累积经验值的方式公平公正地体现学生的能力提高的过程。同时，我们也可以通过网络技术邀请企业专家对学生的翻译能力、应变能力和工作态度等给予评价。

在互联网技术高度发展的今天，商务英语翻译课程采取信息化教学改革，能紧贴市场需求和岗位要求，培养学生利用翻译工具及网络工具处理信息的能力，教会学生运用搜索引擎、网上百科全书、在线词典等实际操作能力，培养学生信息搜索能力的有效尝试；将商务类平行文本录入语料库并分类对比，有助于训练学生的套译和仿译能力；利用信息化教学平台来开展翻译工作坊、情景模拟教学法和项目教学法，并采取信息化手段评估，可以大大提高翻译课堂的效率，促进学生对于翻译策略和翻译方法的内化。

但是笔者在教学实践中也发现信息化教学存在一定的弊端，主要是由于学生的自律性不强，教师很难监管学生是否真正在使用手机学习而不是干一些与课堂无关的活动。如果老师不加强课堂管理，课堂上滥用手机将严重影响整个班级的学风班风。希望有更多的人来关注高职商务英语翻译课程教学，开启信息化教学改革的新篇章。

第七章　高校商务英语信息化教学改革

第一节　信息化视野下商务英语专业教学范式

美国学者布鲁斯·乔伊斯（Bruce R.Joyce）和玛莎·维尔（Marsha Weil）在合作编写的《教学模式》一书中，给教学范式提出了如下定义："教学范式是构成课程（长期的学习课程）、选择教材、指导在教室和其他环境中教学活动的一种计划或模型。"21世纪的高等教育普遍出现了以计算机为主的现代教学媒体（主要指声音媒体、图形媒体、图像媒体和多媒体），计算机技术的创新必然会带来教学范式的创新。英国语言学家大卫·格拉道尔（David Graddol）指出："技术是全球化过程的核心，深刻影响教育、教学和文化。"由于技术的进步，学生在课堂上的地位也悄然发生变化，学生能够借助技术积极主动地探索知识，而不再是被动地接受知识和信息，学生因此成为知识与信息的主动参与者和建构者。在这种模式下，教师成为课堂教学的组织者、指导者，学生是建构意义的帮助者、促进者，而不是知识的灌输者和课堂的主宰。

一、信息化教学范式的研究现状

（一）重文献研究，轻教学实践

近10年来，国内关于信息化教学范式的文献研究不断增多，尤其是在2004—2005年、2006—2009年、2014—2015年3个不同时间段都有明显的大幅增长趋势，这说明国内研究者对教学模式的重视程度在不断加大，研究者对于信息化教学模式的关注度在逐年增加。虽然国内研究文献数量在不断增多，但是基数不大，所以我国对于信息化教学模式的研究还有继续深入探讨的发展空间。

（二）多基础研究，少应用研究

文献研究可以分为基础研究和应用研究两种。调查发现，国内高校对信息化教学模式的基础研究多于应用研究，但基础研究在10年中出现了波动，至2009年达到了文献发表数量的最高峰。比较而言，虽然应用研究少于基础研究，但是发展趋势比较稳定，2009年为数量的峰值，但是也出现了波动。从中我们可以发现，研究者对于信息化教学模式的研究处于不稳定的状态，而且大多是基础理论上的研究，没有更加深入地进行实践性的探讨；而应用研究出现阶段性特征，除了2007年和2010年外，其他年度的文献相对较少。

基于以上分析，可以得出如下结论：在发展趋势上，对信息化教学模式的研究仍处于起步阶段，随着时间的推移，对它的研究正在逐步深入；在研究类型上，大多数研究还处在基础性的、描述性的研究阶段，应用性、探索性的研究还不是太多。总而言之，国内学者对这一领域没有持续关注，同时也缺乏更加深入的理论探索和实践研究，这就为深入研究提供了可能。

二、商务英语专业教学范式策略研究

（一）教学内容的创新

传统英语教学都是一个教师、一根粉笔和一本教材，板书为主，讲授为辅。这样的教学环境谈不上创新，也不能激发学生的学习主动性和创造性。在新形势下，教师在明确信息化教学的目标前提下，要首先从教材入手，创新教学内容编排。当然最主要的是要把好选材关，以一种教材为主，博采其他教材之长，注意补充教材之外的优秀材料，同时保证选材的科学性、系统性和完整性。其次，充分利用多媒体资源。声音媒体是利用听觉符号的形式呈现信息，由此刺激学习者听觉器官进行感知的媒体，把信息转化为自身掌握的知识累计，由量的积累到理论升华的过程，从而形成理论体系。特瑞克勒，（D.G.Treichler）曾经断言："人类获取外界信息的11%来源于听觉。3小时和3天后的记忆保持率仍可以达到获取量的60%和15%声音媒体传递的符号。"而这些符号包括语言符号、声响符号和音乐符号。语言符号用于表达思想和互相交流；声响符号起到环境塑造的作用；音乐符号借助音符的高低长短和强弱关系形成旋律，具有抒发情感的功能。如果教师在英语教学过程中能充分利用这些符号，教学效果是可想而知的。此外，视听媒体的作用也不可小觑。研究表明，人类获取外界信息的90%来源于视觉，3小时和3天后的记忆保持率仍可以达到获取量的80%和70%。这充分说明教学过程中多采用视觉媒体辅助教学的好处，因为它不仅可以突破时空的限制，把抽象表达转化成直观的感受，还可以极大地启发和激发学生自主学习的兴趣和动力。

（二）教学方法的创新

传统英语教学是以教师为中心的，学生处在被动学习的地位。课堂上除了做笔记，就是简单地回答教师提出的几个问题。21世纪的商务英语专业教学,更新教学理念是关键,教师要转变角色定位。课堂教学强调以学生为主体,以教师为主导和辅助,改变以教师为中心的传统教学模式。教师采用灵活多样的教学方法,引导学生在主动积极的思维活动中获取知识,掌握学习方法。同时注意课堂教学与学生的课外学习和实践活动相结合。

(三)教学手段的创新

商务英语教学的普及需要技术过硬的老师指导学生英语学习实践活动。有些老师在传统课堂教学的基础上,积极引入多媒体网络尖端技术(cutting edge)和 E-teaching material 等课件手段辅助教学,提高教学效率。尖端技术实际上指的是一种技术的手段,它采用目前最流行的和高水平的信息技术成果,也可以指处在知识前沿的技术。国际上通常把处于领先地位和具有创新能力的信息产业机构称为尖端技术的领头羊。国外发达国家的高校语言教学已经开始尝试用尖端信息技术手段辅助日常的教学活动。除此之外,教师要提供学生真实的语言学习环境和合理的交际情景,尽量在课堂上提供丰富专业信息资源,开展个性化教学。同时鼓励教师在条件允许的情况下自主开发教学软件。

(四)教学理念的创新

积极引进和学习西方先进的信息化教学理念,为商务英语专业的实践教学服务。国外教学理念的更新明显优于国内。以美国为例,语言学习方法主要有3种:语法翻译法、直接法和语音语言法。美国学者利沃认为:"这些方法对真实的语言交流和学习是不够的。因为在教学指导活动结束后,学生一般是无法用外语进行交流活动的。"后来出现了一种新的教学理念:电信技术法(telecommunication technology)。该理念指出,可以利用现代化的电信技术,让语言学习者直接与本土说英语的人远距离进行语言沟通。事实上,这种教学理念在国内高校商务英语专业日常教学活动中实施的可能性不是太大,主要是因为国内很多高校语言学习的硬件设施不够完善。就目前条件而言,多媒体技术的应用是比较明智的选择。多媒体技术可以培养语言学习者的兴趣,同时可以拓宽学生知识体系,促使学生对西方文化获取具有洞察力的见解,学生会更加积极地参与到课题讨论和交流活动中,多媒体信息技术辅助教学也可以让课程学习内容更灵活。

三、问题与建议

在实践教学中,完全复制课本内容到多媒体课件上的做法是不可取的。因为如此一来,教师在课堂教学中的作用和地位被大大忽视。为了确保多媒体教学范式能发挥作用,需要注意以下几个方面的问题。

（一）信息化的电脑屏幕不可取代板书

实践表明，适当使用多媒体技术在教学活动中可以提高教学效率和水平。教师在多媒体技术辅助下的教学过程中始终扮演着重要的角色，因为多媒体技术的使用以及多媒体课件的制作都是依靠课堂教学的教师来完成的。教师可以完成计算机无法开展的教学活动，比如课堂解答和提问，还有教师与学生的合理互动等。此外，电脑屏幕毕竟不是黑板，教师如果把一切教学相关内容都直接输入电脑屏幕上而忽视了黑板的作用，也是不可取的行为。因为黑板可以被灵活使用，可以任意涂改和添加，也可以让学生在黑板上进行与学习有关的板书活动。这些都是电脑屏幕在有限的课堂时间内无法做到的。所以，无论英语教学范式如何创新，传统的教学策略也不容忽视，更不可以被替代。

（二）PPT不可取代学生的思想和实践

教学活动的主体是学生，而不是教师。因为教师的一切教学课件，最终需要学生的参与才能实现课前设计的教学效果，失去了学生广泛参与到课堂教学活动中的教学注定是失败的。因此，PPT尽管能够科学地展示教学内容，比如教学练习、教学提问的问题设置和教学计划等，但是学生在教学过程中需要思考问题和进行交流，并积极参与到课堂教学活动中，否则教学达不到应有的效果。鉴于此，教师不仅要有效地借助PPT给学生信息和知识，也要积极地与学生展开互动和交流，这样才能最大限度地提高学生的学习积极性和创造性。

（三）多媒体技术不可被过分使用

有些教师出现了观念上的错误，以为课堂教学可以彻底使用信息化手段和多媒体技术，应该放弃很多传统教学手段。不仅如此，他们甚至认为多媒体技术运用得越多，课堂气氛会越好，学生参与到课堂学习活动的机会就越多。事实上，这些想法忽视了学生无意识注意的特点。科学研究表明，在知识传递过程中，教学信息的干预度越高，学生能主动获取的语言材料反而越少。更主要的是，如果老师传达的信息过多地挤占了学生主动思考和交流的时间，不利于培养学生的语言表达能力。

商务英语专业是国内高校新办专业，教学范式还没有成型，进行科学的创新和策略研究十分必要。关键是要在教学范式上力求打破传统语言教学的陈旧思想和方法，主动开展教学方法创新、教学理念创新、教学手段创新和教学内容创新，解决信息化技术手段下过分依靠多媒体进行教学的问题。在创新过程中找寻正确的教学策略，既是当前商务英语专业教学范式改革的难点，也是重点。

第二节　信息化环境下商务英语教学体系

现阶段，国内的商务英语教学一直沿用传统的教学模式，已经无法满足社会对商务英语人才的需求。我国产业结构的调整以及对外贸易的发展都大大增加了社会对商务英语人才的需求，许多院校也开始设置商务英语专业课程。但是在构建商务英语教学体系的过程中依旧存在一些问题。所以，在信息化环境下学校应注重培养商务英语学生的实践能力和知识水平，构建一个完善的商务英语教学体系，为商务英语课程改革打下坚实的基础。除此之外，信息技术的迅速发展促使众多多媒体技术手段在商务英语教学体系中应用。商务英语教学多媒体网络模式具有远程教学、个别化学习、多媒体集成、交互教学以及跨平台资源共享等优势，为商务英语教学体系的构建提供了崭新的发展机遇。

一、商务英语概念以及信息化技术与理论基础

（一）商务英语概念

商务英语大约出现在 15 世纪，它主要是随着各国之间的贸易往来而诞生的一种语言应用。当时的相关书籍都是关于英语与以法语为主的其他语言的对照手册，例如，印刷于 1483 年左右的卡克斯顿手册，其主要作用是消除了欧洲其他国家与英国之间的贸易语言障碍。在这之后的商务英语课程或是读本都帮助商业经营者获取了能够发展和生存的知识。第二次世界大战后，经贸和科技得到了迅速的发展，特别是在美国，开始出现了大量移民，人们为了方便工作选择对移民进行语言上的学习，也就是学习商务英语。因此，商务英语在诞生的时候就已经彰显了实用性这一基本特征。张佐成曾在商务英语的界定中指出商务英语是处于一个商务场合之中的，人们为了实现各自商业目的的商务活动，按照行业程序和惯例进行并且受到社会文化因素的约束和影响，对英语词汇和语法资源有意识地选择使用，充分利用语用策略，通过口头形式或是书面形式来开展的交际活动系统。同时也有一部分研究者将商务英语的定义概括为，在某一特定的商务场合之中，人们为了实现自身的某种商务目的而采取的一种商务活动时所运用的语言。所以，商务英语教学体系的构建需要重视对学生英语应用能力的培养，有效提升学生自身商务技能操作水平。

（二）信息化技术与理论基础

首先，信息化技术基础。微课、互联网以及云计算技术都为商务英语教学体系的构

建提供了一定的教学手段。各种移动终端设备以及无线网络通信技术的发展为学生学习商务英语体系提供了更加便利的网络信息资源。学生能够通过 PC、智能手机等通信工具来获取网络上的信息资源，在移动学习终端上进行移动学习，促进教师和学生之间、学生和学生之间的交流与互动，有效且快速地解决在移动学习中存在的问题。但同时也为构建信息化环境下的商务英语体系奠定了坚实的技术基础。其次，理论基础。第一，联通理论。联通理论更加注重个人，个人的知识构建起整个的学习网络，而这种网络是在各种机构和组织被编入的，也就是机构的知识与个人组织被个人所构成了一种网络，进而为人们提供一个进一步学习的重要机会。除此之外，联通主义理论还指出应顺应新媒介生态系统的发展需求，因为它对商务英语教学具有一定的现实意义。第二，建构主义理论。建构主义理论指出学习应该是构建的过程，在学习完全新的知识之后，不是借助教师的传播来获取信息，而是个体运用自身的能力来解释知识单元，通过自己的内部表达来转变知识。建构主义理论还在学习的过程中强调非正式学习，但也不可以忽略正式学习，它扩展了学习研究的范围和领域，扩大了自身的应用面。现代信息技术的发展在一定程度上带动了建构主义理论的进步，成为信息教育技术发展的重要指导性理论，现阶段已经构成了一种良性的循环。

二、信息化环境下商务英语教学的现状和问题

（一）信息化环境下商务英语教学的现状

商务英语虽然属于特殊用途英语，但是在研究领域中早已和普通英语区分开来，在交际能力、专业性以及目的性等方面上具有独有的特征。大多数院校的商务英语教学并没有受到足够的重视，没有构建起一套完整的商务英语教学体系，与普通英语之间并没有一个显著的区别，在教学模式、教学内容、教材、课程设置以及教学设施等方面都无法展现出商务这一主要特色，在实际的教学过程中，商务英语的特征并没有充分发挥和展示出来，进而导致大部分的学生没有形成一个明确的学习目标。现阶段，商务英语教学主要是通过传统的灌输式教学模式来进行讲学，教师通常在课堂上占据了主要的位置，进行习题的讲解、课文的讲解以及单词的讲解等等，但大部分的商务英语词汇都是平常大家所认识的单词，只是运用商务领域中被赋予了全新的含义，所以本身的句型和词汇是不复杂的。所以，教师在讲解课文和单词的时候，往往会导致学生对学习过程产生一种单调乏味以及厌倦的情绪，进而无法去感受商务英语所具有的魅力，学生也因此丧失了学习商务英语的积极性和主动性。除此之外，商务英语还具有另一大特征就是对交际能力的要求，它更注重对于英语的实际运用和自身交际能力的培养。社会和经济发展逐

渐贴近国际化，社会市场中对商务英语人才需求量依旧呈现一个上涨的趋势。但是，目前的商务英语教学一味地注重培养学生的阅读技能，而严重忽略了对听说能力的加强。

（二）信息化环境下商务英语教学的问题

在信息化环境下，构建商务英语教学体系虽然培养了英语应用能力，加强了文化的基础，但是依旧存在一些无法忽略的问题，例如课程过于分化、缺乏一定的系统性、课程交叉重复等，而这都需要我们进一步地探讨和研究。第一，教师的专业素养和教学技能需要不断地加强。现阶段承担商务英语教学任务的教师还有一部分学习的是语言文学，而没有经历相关的培训，甚至对商务方面的知识并不是很了解。身为优秀的商务英语教师不仅仅需要具备扎实的语言能力，还需要具备一定的商务交际技能，例如商务函电、商务阅读、商务沟通以及商务谈判等，并且对商务的专业知识有一定的了解，例如广告策划、国际金融、国际贸易理论与实践、市场营销等等。在构建商务英语教学体系的过程中，急需"双师型"的商务英语教师，为其提供坚实的师资队伍力量。第二，商务英语的教学模式和教学手段都需要更新和改进。教师在商务英语课堂中主要采取的是传统的"灌输式"教学模式，或是"放羊式"的教学模式。还有一部分的学校和教师将商务英语只是单纯地看作一门知识在进行讲解，没有意识到商务英语所具备的交际性。还存在一些教师在实际的教学过程中，依旧运用一本书、一支粉笔的教学模式，没有充分利用现代化多媒体手段，例如互联网、计算机、DVD、幻灯机、投影仪等等。所以也就无法向学生展现生动形象的商务英语交际情境，学生总是认为商务英语课是非常单一和乏味的，进而导致学生丧失了学习积极性和主动性。此外，还存在一些院校虽然具备相应的多媒体设施，但是相对久远和落后，得不到及时的更新和维护，进而对教学效果产生重要的影响。

三、信息化环境下构建商务英语教学体系的具体措施

（一）形成以学生为中心的教学模式以及以多媒体网络教学为主的交互模式

在信息化环境中，构建商务英语教学体系应充分结合商务英语教学特征以及信息化教学特征，充分调动学生的学习积极性和主动性，培养学生的创新意识和创新能力，以及交际能力和处理信息能力。首先，构建以多媒体网络教学为主的交互模式。多媒体具有较强的人机互交性，有助于培养学生的综合素质、创造性思维能力和技能训练等。这种教学体系适合个性化教学，但不会对集体教学造成一定的影响，反而能够促进集体之间的交流和沟通。与此同时，计算机、教师与学生之间构成了一个互动过程，有助于教师根据学生的需求合理制定教学内容，通过多媒体网络教学来促进学生学习商务英语的

积极性和主动性。在信息环境之下，教师和学生之间进行交互的渠道是多种多样的；其次，构建以学生为中心的教学模式。在传统的商务英语教学模式中，教师是占据中心地位的，由教的活动来带动学的活动。而在信息化环境下的商务英语教学体系是将学生放在学习的主体位置，进而构成商务英语教学的主体，教师则在其过程中扮演引导者和组织者。合理制定教学内容和教学模式，充分发挥学生的主动性和积极性，突破原有的空间和时间的约束，由学生自己掌握时间的安排，进而形成较为完善的商务英语教学体系。此外，教师还应在教学的过程中，合理分析学生的认知能力、知识基础等影响因素，设计符合学生特征的教学模式。

（二）提高教师自身的网络应用管理能力和计算机水平

信息化环境下商务英语教学体系的构建是必然的发展趋势，它的开展和落实有助于为社会培养综合型商务英语人才。商务英语通过网络教学突破了原有的空间和时间的约束，是商务英语中十分重要的教育手段。通过网络教学平台的运用来对大学生的高阶思维能力以及自主学习能力进行培养，同时也在一定的程度上向学生提供学习资源。在构建商务英语教学体系的过程中，应充分主张学生自身的主体性和独立性，在真正意义上形成以教师为主导、以学生为中心的商务英语教学模式。与此同时，管理并应用平台的教师应对学生所提出的疑惑进行及时的回答和讲解，同时还可以批改作业、发布作业以及作业打分等等。而学生则可以根据教师所要求的作业形式上传作业，并提出自己存在的疑惑和问题，进而督促学生进行高效学习，不断提高学校的教学质量和教学效率。在商务英语的教学平台中应根据现代化教育需求进行随时的变化，促进学生开展自主学习和探究性学习。除此之外，全新的商务英语体验教学能够完善学生学习的商务英语网络体系，有效整合信息技术与商务英语的关系，充分发挥出网络所具有的优势，让学生可以在其中寻找到适合自己的有效学习策略，大大激发了学生学习商务英语的积极性和主动性，不断加深学生学习商务英语知识的记忆，进而在很大程度上提升了商务英语教学的效率和质量。

（三）不断提高教师的自身知识能力，促进商务英语教学体系的完善

首先，教师应具备较丰富的英语教学法知识。商务英语教师应对不同的商务英语教学法有不同的认识，正确看待其中的优势和缺陷，以辩证的视角在构建商务英语教学体系的过程中选择适当的商务英语教学法，并根据实际的课程内容，逐渐形成教学特色，集合学生自身的特征探索二者之间相互符合的教学模式，进而体现商务英语教学的效果。其次，教师应具备一定的英语专业知识和技能，主要包括的能力指的是听、说、读、写、译五种基本能力要求。在进行商务英语教学的过程中，教师应具有较强的商务英语专业

知识和专业技能，与此同时，教师还应具备较强的商务贸易知识和技能，进而满足社会发展的商务需求，在国际商务中充分显示出英语的实用性和重要性。商务英语教师所具备的英语专业知识和技能能够在构建商务英语教学体系的过程中充分发挥促进作用，并且能够向学生展现一个榜样作用，更好地促进商务英语教学体系的完善。再次，教师还应具备完善的英语知识层面，充分了解英语语法、词汇、语音、语用、语义等方面，并且十分熟悉英美概况和英美民族文化，能够准确应用英文进行写作。此外，还需要全面了解英美文学、英语词汇学、教学法知识以及语言学等等，这主要是因为在信息化环境下构建商务英语教学体系是会涉及各个层面的，如果教师无法系统地掌握英语知识，就很容易对商务英语教学体系造成影响。

综上所述，信息化环境下商务英语教学体系的构建应根据时代的发展趋势，不断形成具有深度内涵的教学体系，为商务英语毕业生也提供一个有力的保障。所以，构建信息化环境下的商务英语教学体系应以就业为主要目标，合理制订人才培养计划，科学设计课程体系以及教学内容，根据时代的发展变化不断创新教学模式，将理论与实践相结合，同时也要建设一支高专业、高素养的师资队伍，为培养商务英语综合型人才奠定坚实的基础。

第三节　信息化商务英语教师教学能力

现阶段，伴随着我国社会体制建设以及市场经济发展步入高速发展时期，各行各业对人才的综合素质均提出了较高的需求。英语能力作为新时期我国对人才的全新需求，需要在我国教育体制中得到相应的体现。信息化环境的出现，对我国教育体制建设提出了全新的机遇与挑战，因而，在新时期对教学与信息化环境的融合具有研究价值。现就我国商务英语教学现状，浅析信息化环境下商务英语教师的教学能力提升策略。

商务英语作为面向经济发展及市场经济建设相关企事业单位的英语专业性人才培养专业，对人才的英语能力以及实际英语水平具有较高的需求。现阶段，我国在市场经济建设中已全球化，且在经贸合作上正增加与各国之间的合作频率，因而，高校及高职院校中商务英语专业的教学正不断受到重视。伴随着信息化与传统教学体制的不断融合，我国在高校及高职教育的实际建设发展中正不断对信息化相关教学途径进行探析与研究。伴随着计算机及信息技术的发展与革新，传统的教学体制在内容上得到全新的体现，教学渠道也伴随着科技发展的脚步而逐渐丰富。在这一环境下，传统的商务英语教师的教学能力就需要进一步增强。

一、信息化环境下商务英语教师能力提升的障碍

由于信息化环境下的教学模式与传统商务英语教学模式存在一定的出入，因而，在实际教学工作的开展中，商务英语教师的教学能力受环境影响存在着一定的缺失。因此，为提升在信息化背景下商务英语教师的实际教学能力，需要对能力提升的限制性因素加以分析。就我国信息化环境下商务英语教学现状而言，教师的教学能力提升限制主要体现在以下方面。

（一）信息化教学意识缺失

伴随着我国信息技术、计算机技术的不断发展革新，商务英语的传统教学环境受到较大的冲击。其中，多媒体教学模式诸如网络教学以及微课程平台教学等教学模式的诞生对商务英语教师的信息化教学能力提出了较高的要求。但就我国商务英语教学的传统模式来看，教师在信息化能力及信息化教学意识上均没有接受过相关的培训，这就使教师的实际教学意识不符合信息化教学的实际需求。这种情况主要是由于两种现状引发，即教师的信息化意识与实际教学环境不符以及教师的信息化意识缺失。

新时期环境下的商务英语教学需求往往体现在教师的信息化意识之上，因而，商务英语教师的信息化意识与教学工作开展的实际质量存在着必然关联。信息化意识的缺失，必然会导致实际教学效果的低下，甚至对商务英语教学与信息化渠道的融合起到了抑制作用。

（二）缺乏培训内容，培训形式单一

当前，由于信息化相关技术的发展并不存在着较为长远的历史，这就使信息化教学在人才培训方面与实际教学工作的需求存在着一定的脱节现象。其中，由于我国高校与高职院校对于商务英语教学人才的素质提升普遍采用的是培训这一渠道，这就使商务英语教师在新的教学理念出现时，对其认知仅能通过校内培训的渠道来提升相关认知的水平，这就使我国商务英语教师在面临信息化教学意识的新需求时往往体现出较为落后的认知水准。

在实际培训过程中，由于信息化教学途径、相关渠道在我国的产生较晚且发展速度较快，因而，培训中很难体现信息化能力的普适性以及长期性，取而代之的往往是对教学方式的强调论述。这就使实际培训过程中商务英语教学相关教职工作者很难通过培训内容提升自身的教学能力。首先，培训内容受实际信息化意识的限制，对全新的教学理念以及教学方式体现不突出，培训内容较为匮乏的同时其重点也得不到相应体现；其次，由于培训的开展通常是以典型高校或具有一定教学经验的教师来对其他教职工作者进行

引导，培训内容上很难保证其重复性。这就导致我国商务英语信息化教学相关培训质量低下，很难满足我国高校及高职院校对商务英语教师信息化意识与信息化教学能力的相关需求。

（三）信息化教学软硬件环境不佳

商务英语信息化教学的开展，其实际时间仅存在着约二十年的历史。然而在近年来，我国在信息技术与互联网科技的发展上可以用飞速来形容。就近两年而言，网络课程及以智能终端为教学平台的微课程如雨后春笋般不断涌现，教学渠道得到了极大拓展。这就使得我国在实际教学手段与教学硬件上出现了一定的差异性。

现阶段，我国部分高校与高职院校在商务英语教学的开展中，出现了由于教学软硬件环境不足而导致的实际教学工作效率低下，实际教学手段不足，及应对信息化教学需求而致使实际硬件设备利用率不高的现象。信息化软硬件并不是商务英语教学质量提升的决定性因素，而是在于商务英语教师对这一教学环境的利用程度。硬件环境的缺失将直接导致教师相关信息化教学手段难以施展，而软件环境的缺失则会对实际教学质量产生较大的负面影响。

二、信息化环境下商务英语教师教学能力提升的策略

为保证人才质量，提升我国高等教育中商务英语专业的实际教学质量，对商务英语教师的信息化教学能力提升就成为我国现阶段商务英语教学的发展思路之一。现就笔者观点，信息化环境下商务英语教师教学能力提升可采用以下策略。

（一）转变教师观念，提升信息化教学相关意识

信息化教学能力作为信息化环境下对商务英语教师教学观念的全新需求，需要在实际的商务英语教师素质上得到相应体现。信息技术与我国高校高职教育的融合，使得教师的实际素养对教学质量的影响更加深远，这就使得实际教学质量提升与教师的观念更加密不可分。因此，在实际商务英语教学工作的开展之前，需要对商务英语教师的信息化教学相关意识进行相应提升。

在我国高校教学中，由于信息化相关渠道的融入，教师在面对新时期环境下教学的多元化需求时，需要针对实际教学状况对相应的教学模式与方针进行调整，以满足不同教学模式下实际教学质量能满足受众需求。为达成这一目的，就需要教师的综合实力能对信息化教学渠道加以融合，同时教师在面对新时期、新环境下的教学时，应对信息化软硬件均具有一定的自身见解。教学模式的转变，不应仅仅体现在对教学内容和方式上的转化，而应根据教师的实际能力对教师的观念进行一定程度上的转化，以满足新时期

环境下的相应需求。首先，商务英语专业应对教师的信息化教学渠道掌握能力进行相应的培养。由于信息化教学渠道往往对教师能力存在一定的依附性，因而，提升教师相应的掌控性能更大程度上对教师观念进行转化；其次，校方应加大鼓励力度，以促使现代信息资源能在商务英语课堂中得到更大程度的体现，以进一步满足商务英语教学质量的相应需求。

（二）优化培训内容，有针对性地培养教师能力

现阶段信息化商务英语教学与传统的商务英语教学实际上并不存在较大的内容差异，而是在教学途径上存在着一定的区别。因此，在商务英语教师的培训工作中，就需要针对实际教学内容对教师的教学能力进行针对性的培养，进而满足商务英语教学对教师信息化教学意识的相关需求。商务英语的信息化教学，重点并不在于对教学内容进行丰富或在教学模式上进行较大的改进，而是需要在实际教学工作中突出教师的教学能力。就此而言，高校以及高职院校的商务英语教师培训重点需要突出信息化能力。例如，学校可以鼓励青年教师到具有成熟信息化教学的高校中进行研修，定期请外校的自身教师开展信息化商务英语教学相关讲座等活动。在促使现代化的信息教学资源得以高效率利用的同时也能强化教师对于信息化环境的掌握意识，进而直接提升商务英语专业教师的教学能力。

在我国教育体制发展中，由于信息化相关技术的不断成熟，信息化教学模式的融合已然成为我国教育发展的必然趋势。就此而言，商务英语专业的信息化环境教学也必将成为下一阶段我国高校以及高职院校中商务英语专业教学模式的教学体制相关形式。就这一趋势而言，教师的能力提升需要得到相关院校的高度重视，进而在教师招聘以及培训阶段突出信息化能力。相关院校应结合自身教学环境的实际情况，对培训模式以及教师能力的提升策略进行具有针对性的调整，以满足教学的实际需求。

第四节　新媒体商务英语的"碎片化"教学

在新媒体背景下进行商务英语"碎片化"教学对当前教学的意义主要体现在改变教师的教学指导思想与教学理念、改变教学组织过程以及丰富教学实现条件三个方面，首先，进行"碎片化"教学主要是传播个体的主体性，即强调学生学习的自主性和主动性，这样一来，学生的主体地位在慢慢凸显，教师的教学指导思想和教学理念要随之改变。其次，相较于传统的系统化教学，"碎片化"教学将使学生开始习惯于碎片化的获取信息，

因此，以点带线、以线带面的教学组织过程会更符合学生的学习，也就促进了教学组织过程的改变。最后，进行"碎片化"教学需要应用各种移动设备和应用软件，并对教学内容重新编排，可以拓展教学手段，更好地营造各种教学情境，同时可以充分利用学生碎片化的时间和习惯性的获取信息的方式，帮助学生更好地学习知识，同时也达到学习的延伸。

一、商务英语教学与"碎片化"教学

（一）商务英语教学

与普通英语专业相比，商务英语专业更具针对性。商务英语的教育目标是使学生具备较为扎实的语言基础和比较系统的国际商务管理知识，使学生具备较强的英语实践能力，能够满足外事、文化、教育等领域的工作要求。在商务英语教学过程中，英语能力是基础，国际商务管理理论知识才是核心内容。因此，专业的教育系统应先进行英语能力教学，在此基础上再对商务管理理论进行教学。为了提高商务英语的教学效率，可以使用全英教学，既能够锻炼学生的英语实践能力，也为学生提供了一定的语言环境，使学生发音与用语习惯更具标准化。

近些年来，随着新媒体平台的涌现，商务英语的教学环境也逐渐趋向于媒体化与网课化。商务英语是一门实践性十分强的专业，这就对商务英语教学内容安排的合理性提出了一定的要求。研究调查分析显示，在开展商务英语这门专业课程的院校中，约有65%的院校设置了网课与线下教学两种教学方式并行的教学模式。与普通英语专业相同的是商务英语教学过程中也需要从单词、语法、口语、写作、听力等部分展开教学，因此，网课教学有很大的发挥空间。学生在课堂上掌握主要内容，出现问题及时与教师进行交流，通过在线上的网课学习的方式来提升学生个人的英语水平。

（二）"碎片化"教学

新媒体背景下，人们日常生活的节奏也在加快，一种高效的教学方式——"碎片化"教学应运而生。"碎片化"教学顾名思义就是将一门学科或者一项技能的教学过程拆分为碎片，分步进行每一个碎片的教学，再将所有的碎片化信息串联成一个系统性较强的知识储备体系。"碎片化"教学与人们认识自然事物的规律有所不同，整个教学过程呈现"分—总"的结构，这种教学方式能够帮助学习者直接深入教学主题，节省学习时间。但是，在应用"碎片化"教学方式时，一定要把握整个教学内容的系统性，可以先将教学重点进行碎片化处理，这样能够加深学生对于专业知识的理解程度，也可以减轻学生的学习负担；在学习完所有的"碎片化"内容之后，要恢复教学内容的系统性，帮助学生建立某个领域的知识网络，这样能使学生具备扎实的基础知识，做到知其然，更知其所以然。

此外，"碎片化"教学方式的重点在于对教学内容进行合理碎片化和构建知识的系统性，这两点缺一不可，否则会事倍功半。"碎片化"教学不只是体现在对所学内容进行碎片化处理，还包括利用"碎片化"时间与"碎片化"信息进行教学。"碎片化"时间是指零散的时间，例如，课堂休息的十分钟、睡前的十分钟都属于碎片时间，充分利用碎片时间，不仅能够提高教学效率，还能帮助学生培养良好的时间管理概念。

（三）"碎片化"教学方式对于商务英语教学的适用性

"碎片化"教学适用于商务英语专业的前提之一是商务英语专业学习者的多样性。首先，商务英语是一门应用性十分强的专业，修学这门课程的人员包括学生以及在职人员，在职人员的时间十分紧张，只能利用工作生活之余的时间进行学习，而"碎片化"式教学就能严密配合在职人员的学习时间与学习方式。其次，商务英语作为英语专业之一，在教学过程中，也保留了英语教学的分部思想，即分别从词汇、语法、写作、阅读、听力以及口语等方面展开教学。这样的学科体系十分适合"碎片化"教学，能够轻易对商务英语专业进行碎片化处理，学生按顺序完成一系列碎片信息的学习即可。最后，要想精通商务英语这门课程，需要学习者在课后花费大量的时间，持续性学习是关键。而"碎片化"教学中有一项就是利用"碎片化"时间对"碎片化"信息进行学习。"碎片化"教学不只适用于课堂系统性教学，更适用于学习者在课后进行自学，学习者只需做好学习规划并按时完成所规划的学习任务即可。

由此可见，商务英语教学与"碎片化"教学存在许多契合点，"碎片化"教学能够更好地提升商务英语的教学效率与教学的现代化。

二、新媒体背景下利用"碎片化"时间进行商务英语教学的具体措施

（一）根据实际情况，找出"碎片化"时间

在新媒体背景下，要提高"碎片化"教学在商务英语专业的适用性，要学会寻找"碎片化"时间，提高个人时间的利用性。教师在教学过程中，可以将一节课进行碎片化分解，并充分利用每一段碎片时间。比如，一节商务英语专业课时长为九十分钟，中间每隔四十五分钟休息五分钟，教师可以将一节课划分为五大部分，其中第一部分时长为十五分钟，主要用于教师阐述本节课的教学内容与所要达成的教学效果，并在这段时间

内对学生的预习情况进行检查；第二部分时长为三十分钟，主要由教师来讲述本节商务英语课程的重难点；第三段时长为十五分钟，主要为课堂提问时间，教师可以向学生进行提问，学生也可以就商务英语教材中的问题向教师请求解答；第四部分时长为十五分钟，这段时间用于课堂练习，比如，教师可以让学生两两组队进行对话设计与练习，也可以选择一些语法问题让学生进行练习；第五部分时长为十五分钟，这段时间主要留给学生进行知识整理，将课堂笔记与练习题进行记录与订正，学生对于商务英语内容有所困惑，也可以和教师展开讨论。将一整节商务英语课程按时间段划分为五大部分，这是遵循了人们认识事物规律的原理，按照"预习—学习—练习—复习"的步骤完成教学流程。这样不仅能够充分利用课堂时间，使学生的注意力处于高度集中的情况下，还能提高教学效率，使学生养成良好的时间管理观念。

（二）对"碎片化"时间进行合理规划

"碎片化"教学不仅适用于课堂教学，还适用于自学教育。学生在课后也可以利用碎片时间学习商务英语。比如，每天可以早于作息表十分钟起床，并利用这十分钟对昨天的课堂所学内容进行复盘，然后对当日所学课程进行预习。晚上休息之前，也可以在睡前十至十五分钟内，对当日所学内容进行复盘整理，对一些重难点词汇多加记忆。

要想把握"碎片化"教学的真谛，学会统筹管理十分重要。比如，学生可以将商务英语所涉及的常见词汇与文章导入手机电子词典内，在空闲时间也能进行商务英语学习。除此之外，还可以在其他专业课程的学习过程中，穿插商务英语的教学。比如，在高数学习过程中，可以将高数中的定理或者专有数学名词翻译成英文，并请求商务英语课堂上分配的小组成员给予相应的修改建议。商务英语教学过程中十分重要的一个环节就是为学生提供使用商务英语的情境，情境教学使学生获得更深刻的教学印象，从而也加深学生对于重难点的印象。

（三）将商务英语教学内容进行合理"碎片化"

在商务英语教学过程中，合理运用"碎片化"教学方式的关键是对商务英语教学内容进行碎片化处理和系统化处理，其中碎片化处理就是将商务英语教学内容根据某种要求进行细分，使学生在某个学习阶段，只需掌握这一部分内容即可；而系统化处理是指将各个碎片化教学内容串在一起，使其具备一定的逻辑性，进一步夯实学生的商务英语知识基础。

根据教学试验研究分析结果显示，对商务英语教学内容进行"碎片化"处理，可以按照单词、语法、阅读、写作、听力和口语进行划分。这种"碎片化"处理方式符合人们认识自然事物的规律，也使得"碎片化"信息更具逻辑性。在商务英语教学过程中，应用"碎片化"教学，可以在学生具备一定的单词词汇量和语法理论基础上进行深度教学。英语与语文教学相似，都是按照"字—词—句"的过程。学生在课后进行商务英语学习时，也可以先将英语词汇与语法作为重点对象。当学生具备 6000～8000 的单词量时，再开展深度口语、阅读与写作教学，能够收到更好的效果。

（四）对"碎片化"内容进行合理统筹，使教学具备一定的系统性

过度接触碎片化信息，会破坏掉一个人的逻辑性与基础性，因此，在"碎片化"教学过程中，教师要对"碎片化"教学内容进行合理统筹，使其具备一定的逻辑性与连续性，帮助学生构建较为完备的商务英语理论体系。

在完成一个阶段的碎片化教学内容之后，教师可以串联其前面所学的全部内容，并设置考核环节，以此来对学生的知识掌握程度进行了解。教师也可以定期开展商务英语竞技比赛，竞赛内容涉及单词、语法、写作、听力、阅读以及口语等方面。比赛形式可以分为个人赛与小组赛，每一项获得前三的小组可以分别获得三分、两分、一分的小组积分，总分最高的小组即为获胜，由教师为获胜小组组员颁发奖状与奖品。除此之外，教师也可以利用翻转课堂的形式将整合商务英语知识体系的任务交给学生。比如，学生可以就商务英语涉及任一内容作为翻转课堂的主题内容，要求在翻转课堂过程中体现出碎片化教学与系统性教学的特色与统一。由教师与其他学生作为评委对翻转课堂活动进行评分，教师可以就学生的商务英语实践情况给予一定的建议。

商务英语与"碎片化"教学十分契合主要得益于英语教学体系的特点，在实际教学过程中，一定要注重碎片化教学与系统化教学的和谐统一。

随着互联网技术的飞速发展与广泛普及，在商务英语教学时，教师应积极运用互联网技术提高教学效率。在新媒体背景下，商务英语教学与"碎片化"教学方式存在一些契合点，因此，在商务英语课堂上教师可以应用"碎片化"教学，以提高课堂教学效率。

第五节 现代信息技术下商务英语教学的 SWOT 分析

语言教学环境中硬件、软件、时空、文化心理等因素都影响着教育教学过程和效果，一定的教学环境是增强商务英语教学有效性的必然条件。利用现代信息技术创造信息化教学环境，为持续有效开展信息化教学活动提供了重要基础。教育界专家指出了两点：一是发挥好学校的独特功能，创建智慧校园、智慧教室；二是利用好在线学习平台，实现教育教学质量的监控管理。具备开发各类智能英语学习应用程序的能力。信

息技术的不断更新为从事商务英语专业教学的教师提供了一个全新的研究入口，对于学生来说，进行外语专业信息化学习具有一定的挑战。怎样有效甄别和分析信息技术对商务英语教学环境带来的影响成为必须直面的问题。利用管理学中的 SWOT 分析工具，从四个维度有效识别现代信息技术背景下商务英语教学场域存在的优势（strength）和劣势（weakness），以及外部环境与教学条件为外语教育教学工作的开展带来的机会（opportunity）和挑战（threat）。

一、信息技术改变着商务英语教学环境

互联网信息技术的不断更新与发展，传播速度之快，传播面之广，信息量之大，传播渠道之多，使人们的生活、交往和思维等方式不断改变，同样改变着学习者的学习方式，英语学习变得更加快速、更加灵活。以"英语学习""无老师"为关键词在百度搜索，结果显示约 4.3 万条视频内容。智能翻译系统有了新突破，据有关考评中心专家检测，人工智能翻译系统能顺利且有效完成全国翻译专业资格（水平）考试的英语二级考试，特别是《口译（交替传译类）》及三级《口译实务》等翻译考试，准确率已经达到 96%。足以证明：商务英语教学中的教学体系、教学方式、教学内容、教学手段等改革在即，教师的教学行为、教学心理等都面临系统性、全方位的转变。

在我国，商务英语专业自设立经历了 30 多个年头，该领域的学者提出了商务英语学科理论，教学工作者们正在实践商务英语学科的三种模式：外国语言文学模式、应用经济学模式与工商管理学模式。在实践过程中，商务英语专业课程体系得到了完善与健全。现代科学技术的快速发展与进步，使语言教学中早已融入机器辅助教师开展教学，并且根据社会人才市场的需求，改进实践教学体系，企业为学校开发出了人机对话学习智能教学平台。跨境电子商务综合实训平台（如 Marketplace Live）为商务英语实践教学提供了仿真的教学环境，即时口译 APP 等多种关注检测学习成效的教学软件应有尽有。成熟且实用的商务英语教学模式和教学方式，动态化且全新的教学环境要求提高课堂教学效率和质量，改变教师教学风格。

二、商务英语教学环境的 SWOT 分析

现代信息技术不仅影响着商务英语学习的信息输入与导出途径，而且操控着学习内容数量和学习质量，为商务英语教学的发展提供了更加客观的有利条件，与此同时，对于语言教学的冲击也是不容回避的。

（一）优势：丰富的教学资源、多元的教学手段和仿真的教学环境，极大提高了教学质量

商务活动空间瞬间万变，新现象、新词语层出不穷，商务英语专业的教学知识与国际、国家商务事务的接轨是十分重要的。互联网技术帮助我们高效获取最新的商业信息，了解商业趋势，充实了商务英语教学，丰富了课堂。教师可以根据学生的学习认知规律，结合课程学习目标，对获取的外部信息和资源进行优化和整合，拓宽教材的知识体系，以此满足学生多元化的学习需要。

以现代信息技术特别是智能技术为支撑的新的商务英语教学模式已经形成，教学手段、教学媒介、教学模式等方面的转变，造就了教师跨空间构建课堂理念维的形成，逐渐构建 E+C（E-learning+Classroom-learning）的学习模式。线上与线下混合式教学模式使教学过程逐步演变成"云课堂—实课堂—云课堂"的循环体验，知识在教育空间转化中运作、内化。如此教学环境，利于促进翻转课堂教学模式的运用与推广，帮助大学生实现知识的深度学习，达到培养高阶思维能力的最终目的。

新型的智慧教室集智能调整、远程控制于一体，已经运用于许多高校，让教师的教学管理朝着自动化方向发展，一方面提高了教学效率，另一方面学生个性特点与个人潜质受到了良好的保护。商务英语的实践课程教学能让学生在仿真的教学环境中进行，对外贸、营销、法律等实务进行流程化的操练，让教师增强了教学体验的获得感。各高校都按照职业岗位群创建有工作坊，在教师的组织下，学生事先可以在虚拟工作空间感受现实工作中的获得与挫折，提高学习内驱力与对职业的觉知力。

（二）劣势：难以体现"因人施教"的教育目标，师生互动的缺失阻碍交际能力的培养，流于形式的简单化教学过程削弱教师的职业幸福感

当代教育界公认的现代化教学理念为"双主式"，即以教师为主导、学生为主体，属于人本主义教学模式的教学组织形式范畴。学生在教师的引领下，借助先进的智能化操作流程、交互式的交流空间有目标地学习，"因人施教""因需施教"的教育目标方可实现。要是单纯依赖信息技术，对学生的情感教育影响是极大的，使商务英语专业学生在思辨能力与创新能力方面无法提高。但是，思辨能力与创新能力是学生走向工作岗位的必备素质，情感教育对这两种能力的培养具有启迪作用。

随着"云课堂"空间的形成，教师的教学空间与学生的学习空间趋向多模态化环境发展。在这个空间里，更多的是人与机器的单向性交流，学生与学生之间、学生与教师之间的双向性交流变少，英语语言交流、汉语与英语之间的转换被程序员预测成一组心理代码。话轮的心理因素被消退，取而代之的是程序化的语言输出。智能机器人作为教

学工具，可谓"想问什么，就答什么"。这些集柔和声音、智库甚至人为互动效果于一体的移动学习 APP 或教学工具，在某种程度上满足了学生的求知心理。在原本课堂上，人与人之间的思想火花的迸发是教学的亮点，"教"和"学"最有效的联结路径是师生互动、生生交流，这种互动与交流会受心理的影响。商务英语专业课程原本属于实践性很强的语言课程，教师与学生之间、学生与学生之间的相互交流能增加人与人之间的情感互动，面对面的交流有利于磨炼人的内心，强化成熟的心智模式，对增强学生语言交际能力大有帮助。然而，在当今由网络组建的多空间教学体系中，本原现象出现的频率越来越低。"扎实的语言基本功是英语高级专门人才区别于非英语专业学生英语水平的最重要标志"。现代化教学工具趋于"一键式"的操作，缺乏自然语言的交流，不管是教师还是学生，思维受到了限制，影响了教师在教学过程中、学生在学习过程中的思考力与创造力。甚至还会造成人际交往的阻碍，引发人需要机器陪伴的"孤独"现象。

（三）机遇：课程的开放共享使得教育信息化教学模式与商务英语专业课程教学相结合有了更充足的条件保障；不断革新的育人理念为教师的科研发展提供了契机

在线开放课程建设与应用经历了以下发展阶段：精品课程建设——精品开放课程建设与应用——在线开放课程全面创建与管理。教育主管部门推动依托共享性教学资源平台建设，实现教学理念和高等院校学校功能的转型。这也是高校开发课程、建设课程必走的路线，商务英语专业课程的开发与建设也不例外。现代信息技术辅助手段的共建与共享，使教育更趋向公平。在线课程建设还推动了教师教学方式混合化、教学资源开放化和学习过程社会化，为商务英语教学与信息技术的融合提供了有力的资源保障。基于现代应用技术教育手段和建设学习型社会的需要，"空中课堂"逐渐构建形成，教师对教学资源的优选、教学手段的运用和教学方式的采纳，都插上了"先进技术"的翅膀，不断地更新、变化、进步。

诸如数字模拟语音室、素质英语教育学习 APP、Welearn 随行课堂等现代信息技术在商务英语教学中的介入，实现了课堂教学组织的多元化，而且为学生创建了探究式和个性化的自主学习模式，提高了教学的深度和广度。随着学习方式变成"我该如何学"的困扰，教师有机会利用"两学"（教育学与心理学）的科学研究成果，腾出更多的精力专注学习策略、学习评价等方面的创新。往后，学生的自我主体意识、接受新事物的心理变化特征等将会是教师在教学中关注的研究重点，涉及心理学、管理学、认知语言学等相关的跨学科研究会逐渐受到商务英语专业从教者的重视。

（四）威胁：构建跨学科知识体系、熟习信息技术、整合教学资源和深化课堂管理，给教师带来了新的挑战

商务英语专业实践的三种模式在不断的探索与改进中。随着信息技术对语言教育教学的冲击，对于语言教学教师来说，跨学科的知识体系期待教师继续去学习、去领悟，融会贯通，从而能流畅地与学生分享所得，这是一个尝试的过程，也是一个挑战的过程，更是一个不断突破的过程。美国学者 Punya Mishara 和 Matthew J.Koehler 对教学情境下的教师提出了需要掌握 TPACK 知识体系的要求，只有专业教师根据从教学科，不断更新 TPACK 能力需求的知识架构，才能对教育教学及商务英语专业发展做出积极的奉献，商务英语专业教师要将现代技术融入外语学科教学内容中，更多地关注教学情境下"教与学理论"和方法。具体到商务英语专业教师，面临着三点知识的融合：①学科内容知识，即商务英语专业知识，包括语言知识、商务知识、跨文化知识、人文社科知识、跨学科知识；②教学法知识，商务英语学科教学理论涉及外语教育学、语言经济学、语言管理学、跨文化交际学等；③技术知识，涉及教师对课堂数字化平台的操作，网络媒体技术辅助下对学生学习成效的评价与管理。

课堂是教学发生的主阵地，课堂的主要功能指向学生发展。和谐且适合学生吸收知识的课堂"共同体"是师生的行动目标。教师作为课堂的管理者，不但要有驾驭"一桌一椅，有黑板，有讲台的"课堂的能力，还要引导学生在网络环境中自觉协调科学技术和专业知识之间的关系，具备操控"虚"课堂的智慧。要求教师从情绪到行为、从知识到技能都要做到最佳，还要结合时代发展背景。因此，现代信息技术环境客观上对商务英语教师提出了高要求，即多重角色赋身和多维技能附身。

诚然，信息技术融入现代教学是时代进步的象征。事物总是存在两面性，对教育教学发挥优势的同时存在一些负面影响。研究借鉴管理学中的方法——SWOT 分析法，系统分析现代信息技术对商务英语教学环境的影响，具有一定的现实意义，为商务英语教学工作者提供了参考。今后的努力方向在于探索商务英语教学与信息技术融合的有效策略，强化商务英语课程授予，确保商务英语学科体系生态化、协调化、系统化发展。

参考文献

[1] 刘润清. 外语教学中的科研方法 [M]. 北京：外语教学与研究出版社，1999.

[2] 蒋祖康. 第二语言习得研究 [M]. 北京：外语教学与研究出版社，1999.

[3] 杨坚民. 科技英语教学研究文集 [M]. 上海：上海外语教育出版社，1994.

[4] 胡文仲编. 跨文化交际概念 [M]. 北京：外语教学与研究出版社，1999.

[5] 杨惠中. 语料库语言学导论 [M]. 上海：上海外语教育出版社，2002.

[6] 何安平. 语料库语言学与英语教学 [M]. 北京：北京外语教学与研究出版社，2004.

[7] 张道真. 实用英语语法 [M]. 北京：外语教学与研究出版社，1995.

[8] 王慧盛，王静，赵磊，夏苗. 广告英语的多维度分析 [M]. 北京：对外经济贸易大学出版社，2007.

[9] 鲍文. 商务英汉/汉英翻译深论 [M]. 北京：国防科技大学出版社，2012.

[10] 李刚，李兵. 商务广告英语的语言特点及翻译策略（第二版）[M]. 广州：世界图书出版广东有限公司，2013.

[11] 李太志. 商务汉英语言文化对比分析与翻译 [M]. 北京：国防科技大学出版社，2013.

[12] 何其莘. 英汉视译 [M]. 北京：外语教学与研究出版社，2009.

[13] 张京鱼，吴玺. 大数据对英语教学的影响——论在英语教学中大数据的应用 [J]. 当代教师教育，2016，9(1)：43-47.

[14] 林晓纯. 任务驱动教学法在商务英语专业中的应用 [J]. 湖北经济学院学报（人文社会科学版），2012，9(08)：203-204.

[15] 温招英. 跨境电商背景下高职商务英语专业人才培养模式研究 [J]. 延安职业技术学院学报，2017，31(01)：71-73.

[16] 张小莉. 跨境电商背景下商务英语人才需求与教学模式研究 [J]. 湖北函授大学学报，2017，30(13)：168-170.

[17] 李宪雄. 互联网＋的跨境电商课程模块教学探究 [J]. 广东技术师范学院学报，

2016，37（06）：133-140.

[18] 向继霖. 跨境电子商务活动中的商务英语教学研究 [J]. 教育现代化，2018，5（35）：74-75.

[19] 顾忆华. 基于 CBI 教学理念的高职高专 ESP 教学模式探讨 [J]. 外国语文（四川外语学院学报），2015，27（5）：134-137.

[20] 曹秀平. 基于 CBI 教学理念医学院校研究生 ESP 教学探索 [J]. 继续教育研究，2016，34（8）：111-113.

[21] 林田，蓝宇涛，陈垦，等. CBI 教学理念应用于《护理学导论》双语教学的探讨 [J]. 护理研究，2016，24（7）：637-638.

[22] 曹秀平，岳晓龙. 基于 CBI 理念的医学院校学术英语教学模式研究 [J]. 中华医学教育探索杂志，2015，19（8）：787-790.

[23] 刘燕，谢杰. 基于 CBI 教学理念的高职 ESP 课程定位及可行性分析 [J]. 海外英语（上），2015，15（4）：8-9.

[24] 刘燕. 基于 CBI 教学理念的高职 ESP 课程教学模式探讨 [J]. 湖南人文科技学院学报，2015，15（3）：126-128.

[25] 王冬莉，郁芳. 基于 CBI 教学理念的日语听说课程教学模式改革研究 [J]. 新课程研究（中旬单），2016，15（4）：24-26，27.

[26] 刘迎新，施介华. 基于网络环境下的 CBI 教学理念在药学类专业英语教学中的应用 [J]. 化工高等教育，2015，32（1）：55-57.

[27] 詹燕娥. 大学英语教学中 CBI 教学理念及教学方法的应用研究 [J]. 淮海工学院学报（社会科学版），2013，11（18）：106-108.

[28] 高治国，王雅萍. CBI 教学理念在商务英语阅读与写作教学中的应用 [J]. 甘肃联合大学学报（社会科学版），2013，29（4）：108-111.

[29] 张丽霞. 英语语言学视域下语境的融入与应用 [J]. 北京印刷学院学报，2017，25（05）：39-40.

[30] 刘信波. 刘信波. 英语语言学视角下的语境融入及其应用 [J]. 湖南第一师范学院学报，2013，13（06）：112-115.

[31] 郭丽，莫瑞. 论图式理论对商务英语翻译的影响 [J]. 现代企业教育，2011，35（2）：45-46.

[32] 赵一蔚. 商务英语专业个性化情境教学中合作竞争机制的建构 [J]. 山东水利职业学院院刊，2011，3（2）：50-51.

[33] 张丽.商务英语翻译教学中应注重文化现象[J].渤海大学学报:哲学社会科学版,2011,23(1):80-81.

[34] 邓华.加强高职英语教学改革,培养学生语言应用能力[J].山西煤炭管理干部学院学报,2010,8(1):5-6.

[35] 韩秀青.商务英语的语言应用及基本技巧初探[J].教育现代化,2018,5(46):122-123.

[36] 王妍.国际贸易专业商务英语视听说教学改革探析[J].辽宁工业大学学报(社会科学版),2017,19(10):136-138.

[37] 吕岩.积极心理学视域下高职学生英语学习倦怠对策研究[J].郑州铁路职业技术学院学报,2018,30(1):74-77.

[38] 杨中原.基于就业导向的高校英语教学改革模式探究[J].郑州铁路职业技术学院学报,2017,29(3):47-48.

[39] 刘友敏.基于功能翻译理论的商务英语翻译研究[J].教育现代化,2017,4(08):130-131.

[40] 郭仲琰.语境理论在英语阅读教学中的应用研究[D].四川师范大学,2013.

[41] 蒋新雯.PowerPoint在N英语阅读教学中的应用研究[D].宁夏大学,2014.

[42] 郑梦楠.信息技术与英语阅读教学整合的实验研究[D].天津师范大学,2013.

[43] 谢群.商务谈判话语互动研究[D].华中师范大学,2013.

[44] 赵子建.中西商务谈判中文化因素研究[D].江苏科技大学,2013.

[45] 何雪彩.项目教学法在《商务英语谈判》课程中的应用研究[D].重庆大学,2014.

[46] 欧志峰.商务英语学习中的主观需求、态度和动机的实证研究[D].湖南大学,2004.